U0054116

與凱因斯談戀愛

Love Economics : Talk Love with Keynes

侯榮俊◎著

「NEO系列叢書」總序

Novelty 新奇・Explore 探索・Onward 前進

Network 網路・Excellence 卓越・Outbreak 突破

世紀末，是一襲華麗？還是一款頹廢？

千禧年，是歷史之終結？還是時間的開端？

誰會是最後一人？大未來在哪裡？

複製人成爲可能，虛擬逐漸替代眞實；後冷戰時期，世界權力不斷地解構與重組；歐元整合、索羅斯旋風、東南亞經濟危機，全球投資人隨著一波又一

波的經濟浪潮而震盪不已；媒體解放，網路串聯，地球村的幻夢指日可待；資訊爆炸，知識壟斷不再，人力資源重新分配……

地球每天自轉三百六十度，人類的未來每天卻有七百二十度的改變，在這樣的年代，揚智「NEO系列叢書」，要帶領您——

整理過去・掌握當下・迎向未來

全方位！新觀念！跨領域！

水乳交融的愛情與經濟

劉代洋

這本《愛情經濟學》是作者將經濟學的概念運用在男女愛情方面的主題，生動而有趣，誠屬一次創見。

著名經濟學家貝克（Gary Becker）曾廣泛地運用經濟學的原理原則於社會經濟各方面的議題上，例如婚姻（離婚）與種族方面等等；作者能夠勇於嘗試寫這本愛情經濟學，想必也想與貝克先生媲美一番。基本上作者將愛情視爲一種商品或財貨（goods），因此凡是商品市場中所討論的供給與需求、消費者行爲、生產者行爲、均衡條件、成本、利潤與市場結構等問題，均可巧妙地加以運用，也就是將經濟學教科書中的財貨變更爲愛情，再注入愛情的觀點與行爲構面加以闡述。此外，作者同時探討愛情的總體層面，如消費與儲蓄、凱因斯

與古典學派的愛情學說等，甚至提到異國鴛鴦（如大陸新娘或越南新娘），則又是頗令人感到新鮮且好奇的一次嘗試。

當然我們常說「戀愛中的男女常被愛情沖昏了頭」，言下之意是指戀愛中的男女其所作爲不是理性，這似乎違反經濟學中的基本假設，人的所爲應該是理性的。當然唯有理性行爲，男女雙方才可能追求最大的效用；若否，則難免會產生美中不足之憾。另外一項有趣的比較，作者將凱因斯的愛情觀比喻是從需求面出發，而且著重在短期；而古典學派的愛情觀則從供給面爲出發點，然後推論出兩種截然不同的愛情模式，讀者不妨自行推測一番，究竟自己是具備何種學說的愛情觀？自己是否可以得到最大效用的滿足？那將是閱讀本書的另一項意外收穫。

（本文作者爲台灣科技大學企管系主任、美國杜蘭大學經濟博士）

自 序

其實經濟學是一門有趣的科目，它可以解釋生活中的各種現象，可是一般人對它的用途仍局限於專業知識，且大部分教科書所使用的文字不易懂，再加上抽象的觀念，學習上頗多障礙，興趣自然也就被抹殺了，理性的觀念無法建立，EQ也就差了，所以活用經濟學的觀念，是建立理性社會的重要環節之一。

經濟學是商學科系的基礎學科，讀經濟學的年紀，正是情竇初開的青年男女，透過對愛情的解析，瞭解經濟學的重要觀念，除了有助於記憶與理解外，更可以落實於生活中。這本書與經濟學的關聯是有脈絡可尋，愛情是一種商品，人是愛情市場中的消費者與生產者，每個家庭是不同的產業。儘管初學者

對一些經濟名詞暫時無法熟記，但其意義應該可以藉由生活化的解析，而完全掌握其精髓。

至於對經濟學沒有興趣的讀者，亦可從書中瞭解浪漫愛情背後所隱藏的經濟意義，以及從愛情跨入婚姻要面對哪些現實的經濟問題，然後理性的面對愛情，為踏入婚姻做準備。由於大部分人的觀念認為愛情就應該如傳統那般，否則愛情就不美了，但是等到問題發生後才願意正視這些實際的愛情現象，通常已經來不及了。

這本書試圖在傳統與創新中找尋出路，獻給那些正想在愛情路上摩拳擦掌的新手，更想為那些已屆適婚年齡卻仍找不到愛情的人打開一個入口，培養自己以平常心來看待愛情，進一步瞭解自己在愛情市場的定位，尋找幸福的婚姻。

雖然很多人都認為愛情沒有邏輯可循，靠的是感覺，因為那是純純的愛；成熟的愛，是理性與感性並重，本書的另一個訴求，是希望透過對愛情現象的

解析，讓談情說愛的人能多些理性，雖然會殺風景，但如果能因此較成熟地面對愛情，減少不必要的負面影響，是本書的另一個期許。

本書的出版，希望打破一般人對經濟學的刻板印象，這是一個新的里程碑，更企盼這項創新能陸續發酵，讓一般人覺得：「原來專業知識也可以如此平易近人！」

目錄

第一章

愛情的啟航

愛情經濟學的意義

「慾望是無窮的，但資源是有限的」，因此經濟學主要探討的是如何在有限資源下，將資源做最佳的配置；對於人而言，「體力是有限的，但慾望是無窮的」，雖然威而鋼的誕生，解決部分無力的問題，但許多人仍感覺，使用威而鋼有作弊的嫌疑，不免心虛。任何人都想投入更多的時間或金錢，讓愛情令人更感動、更溫馨、更浪漫，但是體力有限。也正因爲如此，如何在有限的體力與時間下，將談情說愛變得刻骨銘心？這是大家所追求與期望的。

大部分的人認爲愛情應該是浪漫多於實際的，但這不表示務實與浪漫是衝突的，瞭解自己的經濟基礎、外在條件與內在涵養，誠心地對待，將有限資源發揮得淋漓盡致，這是一種務實的作法。愛情的可貴是因爲雙方持續的互動，總有不斷的驚喜產生，所以期望再見到他，而浪漫正是製造驚喜所不可或缺的一種催情劑，如果浪漫是建立在「打腫臉充胖子」的前提下，那麼浪漫必不長久，「剎那即是永恆」也僅限於拍照的時候，曇花一現的失落感會更深。

女人之所以挑剔男人不夠浪漫，仔細探討這所謂的「不浪漫」，其原因不外乎是「不體貼」、「不用心」、「太小器」，但是時下的男女，果眞不在意麵包嗎？常聽許多現代女性說：擇偶條件很簡單，「有車、有房、父母雙亡」爲上等，「有車、有房」次之，「有房」爲下，「有車、有房」不就是代表水準以上的經濟基礎，因此在新經濟時代來臨之際，更顯得麵包與愛情缺一不可。

「大男人主義」已經逐漸被現代婦女解放了，尤其是都會地區，當「新好男人」成爲價値主流時，一場顚覆傳統男女地位的革命正在展開。在傳統男人眼中，「新好男人」與「小男人」是差不多的，只是名稱好聽一些，但面對這些抵擋不住的潮流，「小男人週記」儼然是未來的趨勢，因爲傳統壓力不能免，例如養家活口、子不教父之過，再加上女性主義抬頭，增添新的壓力，如

洗衣、煮飯、帶小孩等家務。

你是否察覺民法已經修改？「夫妻履行同居義務，得不以夫的住所爲住所」，解讀其中的意義，似乎男方也可以「嫁」到女方。再看看你周遭親朋好友的故事，可以發現端倪，如果男方婚前沒有買房子，等到結婚時再買房子，房屋的產權多半登記在女方名下，否則女方較無意願分攤貸款，因爲這樣對女方比較有安全感。果眞如此，那財產登記在妻名下的男士們，實質已符合現在民法修改後的精神，「夫以妻的住所爲住所」，而不是「妻以夫的住所爲住所」，對於女性而言，這種種的轉變，只是一種遲來的正義，因爲男人已坐享太久的「既得利益」；對於男性而言，也應該順勢而爲，不該抗拒，所以聰明的女人讓男人變成「新好男人」，而不是「小男人」，至於分寸該如何拿捏，又是一門新學問。

姑且不論是當「大男人」、「新好男人」或「小男人」，這都是雙方抉擇的結果，「不是冤家不聚頭」，如何避免無謂的爭吵？相互尊重，和諧相處，平

衡的對待才是重點。

愛情經濟學試圖對準備在愛情路上摩拳擦掌的新手給一些建議，更想爲那些已屆適婚年齡卻仍找不到愛情的人打開一個入口，探討的問題以男女的互動過程爲核心，解析浪漫背後所隱含的理性經濟意義，內容包括對愛情的需求與供給、談情說愛的行爲與效用、個人所面對的愛情市場、談情說愛的成本效益、兩性的互動與均衡，以及組成家庭後的種種問題。其範疇，參與者可分爲個體與總體，個體指的是個別的男人、女人與個別家庭；總體指的是所有的男人、女人與所有家庭。在個體，未婚的個人追求愛情的最大效用，每個家庭則追求最美滿幸福的生活；在總體，追求的是兩性關係的和諧、成熟的愛情與婚姻觀、減少破碎家庭與怨偶。

愛情的價值機能

每樁買賣能成交的基本原則是賣方有合理利潤，買方認為價格合理，也就是雙方對此交易價格均有共識；如果愛情是一種情感的桃色交易，究竟是什麼原因吸引兩人成為一對呢？是金錢？外貌？才藝？還是性格？對於素昧平生的男女而言，外貌是第一印象，是兩人交往的充分條件，因為其他資料或為人處世都必須藉由交往以後，才能慢慢得知，所以帥哥美女桃花自然多。當兩人交往一段時間後，外在條件的重要性逐漸衰退，取而代之的是內在的涵養，而內在涵養的良窳，個人成熟度乃是關鍵因素。理論上成熟度較高的人，較不容易意氣用事，與人的相處或溝通都比較好，訊息誤導的機會少，摩擦或誤會自然少。

分手或離婚的兩個人，從陌生到成爲戀人或夫妻，一定有過許多甜蜜時光，但爲何幸福的感覺會消逝？換來的是一場「不適合」的際遇，探究這「不適合」的原因，許多人都歸咎於「個性不合」，其實個性不合隱含著溝通不良或無效的成分，而溝通之所以不良或無效的根本在於價值觀上的差異，最糟糕的是，許多觀念是沒有對與錯，只有甘願與否，或是值不值得的問題，如果無法產生交集，差異是無法消除的，在各執己見的情形下，離異也就產生了，所以價值觀能否契合，左右每一段戀情或婚姻。

當緣分來臨時，一切的愛情，均能在價值的指引下，使男人與女人迸出愛的火花，芸芸眾生中爲何選擇與他交往，從剛開始的外在價值，到內在價值，經評估後，答案必須是值得的，如此兩人才能達到兩情相悅的境界。但時代變遷迅速，每個人隨著年齡的增長，價值觀也會隨著轉變，再加上世風日下，人心不古，甚至大部分人都自以爲是，明知故犯，「貪嗔癡慢疑」使得價值觀扭曲，愛情可能觸礁，婚姻也會亮起紅燈，所以心理醫生、感情顧問或算命師必

須扮演輔導的角色。

在台灣，一般人的感情問題，不習慣找心理醫生，萬一被別人知道後，以爲自己有「神經病」，因此找到好的感情顧問或算命師，對於心情的平復是有幫助的，如果你很喜歡算命，動機在於找個人談心，無關決策，這無傷大雅；但是如果希望算命師幫忙決策，最好改掉這種壞習慣，因爲問題的產生，一定有前因後果，算命師預言的不一定準，更何況預言的結果若是不好，你的心情可能更差，就算預言的結果是好的，可能心情好一些，但是問題還是要處理，所以不如樂觀地去面對，把算命的錢拿去邀好友吃喝玩樂，創造一些貴人，應當是更實惠。

愛情迷津指點

每個人都渴望生命中的愛情是刻骨銘心的，婚姻是幸福美滿的，對於愛情或婚姻總是既期待又怕受傷害，因此常陷於一些問題中，例如該找什麼樣的人談戀愛？該如何付出愛？該爲誰付出愛？該以怎樣的態度面對愛情或婚姻？該如何與對方互動？在躊躇不前中搖擺，青春歲月也就在不知不覺中蹉跎了。愛情經濟學以理性經濟人的角度，對問題的內涵加以分析，試圖爲兩性之間的難題找到出口。

可能有許多人認爲情感的問題是「剪不斷、理還亂」，「人是情緒的動物」，也正因爲如此，培養用理性解決問題遠比用情緒來得有效，且效果良好。不管是佛家所講的「修持」，或是聖經中所提「愛是恆久忍耐又有恩慈」，

其目的都是一致的，無非是希望以寬容的心去化解糾葛的情愫。人之所以能保持理性，是因爲平靜的心，而平靜的心來自於對情緒的控制；情緒的產生是因爲內心無法平衡，氣自然爆發，因此寬容的心，讓不愉快的事在你的內心有迴旋之地，漣漪就不容易產生。學習如何做個理性的經濟人，在兩性的互動中是一門重要的課題，這也就是愛情經濟學對任何人的期許。

找何種對象談戀愛？

一般人對於戀愛對象的選擇，第一眼的印象與感覺是相當重要的，但探其感覺的背後，不外乎對外在與內在條件的選擇，外在條件包括外貌、家世、學經歷及經濟狀況；內在條件包括個性、修養及內涵等。學生時代選擇的對象以外貌爲重，個性爲輔，因爲對象以同學居多，學經歷背景相似，年紀輕，未來潛力無窮，更何況交往也未必結婚，又不是適婚年齡，當然以「賞心悅目」者優先考量，因此外貌姣好者，對象容易找。

離開校園工作後，心智比較成熟，如果單以「賞心悅目」的原則找對象，恐怕惹來膚淺或幼稚的批評，所以注重對方的「個性」也變得重要了；到了適婚年齡，大約二十五至三十歲間，除了前面考量的條件外，「經濟狀況」的重要性增加，因爲工作後，較能體會「錢難賺」的滋味；過了三十歲以後，容貌身材開始走樣，「外貌」的重要性就減低了。

「外貌佳、個性好、有經濟基礎者」爲上等，任何人若是有機會遇上這類對象，千萬別錯過，萬萬不可有畫地自限的情形，我們常以爲自己條件差，但是在別人眼中的標準也許還不錯，機會是留給有勇氣嘗試的人，不要擔心別人會以「好高騖遠」來批評自己，怕的是自己扶不起，如同別人所言。追求自己的幸福，只要是正當手段，不傷害他人，就該勇往直前。

「個性好者」次之，個性好是指有責任感及進取心，任何男女只要有好的個性，通常也能創造出不錯的經濟基礎，不會將自己陷於窘境；在人的一生中，平均有七十年，「外貌」是最容易改變的，也是兩人長期相處中最早麻痺

的部分，因爲每天都看得見，但是對談情說愛的年輕人而言，卻占有相當重的地位，老天爺常喜歡考驗人性，因此愈早領悟糖衣底下可能是苦果，那麼離挫折或失敗就更遠了。

有一種人可千萬別碰，那就是「懶人」，別以爲不修邊幅是瀟灑的表現，到他住的地方看看，如果也一樣邋遢，最好退避三舍，這反映一件事實，邋遢的人對自己不負責，才把難堪的一面表現出來，大部分的人都愛面子，沒有人願意自暴其短，所謂「沒有醜女人，只有懶女人」就是這個道理。

為誰付出愛？

一般男女交往的過程可分爲：普通朋友、好朋友、男女朋友及夫妻四階段，在普通朋友階段，談不上愛，充其量僅止於欣賞或喜歡；好朋友階段與男女朋友的情形已接近，能成爲好朋友，一定有相互欣賞的地方，與男女朋友的差別在於雙方是否默許或表白彼此是一對，如果雙方都已認定，就正式進入男

女朋友階段，之後有三種結果：一是成爲夫妻，二是普通朋友，三是陌生人或仇人。

愛苗滋長在好朋友階段醞釀，淡淡的愛意，非分的念頭較少，隨性隨意，無拘束感；隨著時間經過，投入的感情愈多，想要占有對方的感覺濃烈，此時的愛，已轉成男女朋友階段；結爲夫妻後，雙方逐漸由愛情轉爲親情，愛變成是一種習慣。有人說「小人之交甜如蜜，君子之交淡如水」，所以情人的關係如小人之交，愛恨糾葛、起伏不定，猜忌心是最典型的代表；夫妻的關係如君子之交，互信、互諒，細水長流。

「盲目的愛」是爲你喜歡的人付出的，但這個人不一定適合你，通常這種愛是較表面的，尤其是對偶像的崇拜。找個「適合的人」來愛才是明智之舉，什麼樣的人才適合自己？找機會與他坦誠溝通觀念，如價值觀、婚姻觀、人生觀、金錢觀……等，都是幫助自己瞭解對方適合與否的方法，行爲是內在觀念的投射，瞭解對方的各種觀念，自然較能掌握其行爲模式。

如何付出愛？

中國人對於情感的表達，向來都是含蓄內斂的，對於自己心愛的人，往往不知如何付出愛，不僅父母與子女間如此，許多夫妻間亦如是，似乎只有在談情說愛的期間，較容易感受彼此的愛。

在「嚴父慈母」的刻板印象下，男性被教育成較陽剛，女性較陰柔，因此男女付出愛的形式是有別的，男人的愛是帶有「照顧、保護」的性質，是滿足基本需求爲主，也就是當被保護的對象已達到「安全無虞」的情況時，就不容易再投入額外的愛；女人的愛是帶有「撫慰」的性質，因爲女人心思細密，觀察力敏睿，較能洞悉心靈的缺口與軟弱，因此女人的愛是綿延不斷的，而男人的愛是間歇性的，這也就是爲什麼女人常埋怨男友或先生不夠體貼的原因。

男女對於愛的認知有差異，因此感受度與付出愛的方式也會有差異，男人易熱易冷，女人則慢熱慢冷，由此特性可以發現男人對於女人應採取「細火慢

燉」的方式，而女人對男人則應該採取「大火快炒」的方式，這樣的愛，在烹調過程中，才不會發生營養流失的情形。但這只是大原則，愛情中，瑣碎的情緒何其多，付出愛的過程難免過與不及，體會對方的誠意，遠比在乎表現的結果如何更令人感動。

記得有一年冬天，朋友帶著女友到濱海公路遊覽，因爲一瓶可樂與一片豬血糕鬧情緒許久，雖然在僵持一段期間後又和好，我稱這次吵架爲「豬血糕事件」。起因是他們在途中的風景點停留，朋友想吃豬血糕，問了女友是否也要？女友回答不想，結果朋友帶了豬血糕與可樂邊吃邊走過來，此時女友甚爲不悅，埋怨男友不體貼，爲什麼你只買自己的份？朋友一臉無辜地回答：「你不是不想吃。」接下來的路途氣氛凝重，自然也玩得不盡興。過些時日，雙方想要分手，我試圖瞭解緣由，覺得這整個過程似乎是女方「無理取鬧」。

因爲女方是學妹，所以我先打電話給她，詢問：「爲何不高興？」學妹說：「類似情形已發生多次，他一點都不體貼。我不想吃豬血糕，但我想喝可

樂。」「那你當時為什麼不說明想喝可樂？」我問。「我怎麼知道他要買可樂！」學妹回答，聽著學妹訴說他們交往的種種，埋怨男友不瞭解她，不體貼，很多事情總是要等她開口，男友才知道反應。

接著我再聯絡友人，告訴他：「女友的憤怒由來已久，你為什麼不幫她買飲料？」「她當時感冒，我想過買熱飲，但沒賣，怕她喝涼的對身體不好，所以就買自己的份。」朋友說。「你有告訴她實情嗎？」我問。「我們常為這些小事吵，看她不悅，我不想再多說。」朋友回答。

分析這整個過程，主要問題在於默契不夠，而默契的培養，來自於雙方的溝通，在女方的角度，希望男友能主動瞭解她的需求，否則等她開口，就沒意思；在男方的立場，希望女友能少一些要求與矜持。如果對於自己的另一半，不多一些要求，怎能顯出對方是愛自己的？正因為多數人都認為情侶或夫妻應如此，所以「要求」與「愛」漸漸被畫上等號，要求對方也就變成理所當然。其實「寬容」與「愛」才是相近的，兩個人生長環境背景差異，個性也不同，怎能要求對方要知道自己的需求，這種上帝才做得到的角色，對方只是普通人，如何會扮演得好呢？「不教而殺謂之虐」，更何況人與人之間的對待，「合不合適」比「應不應該」的問題重要多了。

席慕蓉寫過一本書—《無怨的青春》，書中有一段話是這樣的：在你年輕時愛上一個人，你一定要溫柔地對待他，哪怕有一天，你們不能在一起，當你回想起這一段感情，無怨的青春，就如同那山崗上一輪靜靜的明月，皎潔無瑕。

「狂風暴雨」的愛情，固然令人刻骨銘心，但「溫柔的對待」是歷久彌新的，平凡中的偉大情操更令人回味無窮。

解讀愛情的態度

對於愛情，有的人是宿命的，有的人是積極的，宿命者將自己的愛情交給「緣分」，積極者則創造「緣分」。至於該用什麼態度解讀愛情，主觀者與客觀者不同，主觀者認爲其對愛情瞭解透徹，較果決；客觀者較謹愼。大多數的人認爲談情說愛應順著感覺走，至於用什麼態度解讀愛情意涵，似乎沒那麼重要，因爲談情說愛應是「身體力行」的事，而非紙上談兵，就解讀愛情面面觀，可以分爲實證與規範愛情經濟學。

實證愛情經濟學（Positive Economics）

對於某些談戀愛所發生的現象，加以蒐集、整理及分析，而後以客觀的態度下結論，即研究「爲什麼」或「是什麼」之科學。例如「問世間情爲何物？直教生死相許」，就是屬於實證愛情經濟學的研究態度，蒐集愛情給人的感慨，而有所領悟，納悶地問自己，情爲何物？

規範愛情經濟學（Normative Economics）

對於某些談戀愛所發生的現象，以主觀之態度來作定論，即研究「會如何」或「應該是什麼」之科學。例如「婚姻是愛情的墳墓」，就是屬於規範愛情經濟學的研究態度，看到婚姻的現實面，因此對愛情的美夢將因紅地毯的盡頭畫下休止符，而主觀地產生定論。

經濟櫥窗

・經濟學所討論的資源最佳配置，在個體指的是固定預算下，消費者效用最大；因素成本（勞動、土地）投入最低，廠商利潤最高；在總體指的是經濟成長、充分就業、物價穩定及國際收支平衡。

・價格機能被視爲一隻「看不見的手」，在其指引之下，達成雙方的交易。

第二章

愛情的需求與供給

愛情的需求

某一期間，男人與女人面對各種對象，其所願意且能夠付出的心力，此種關係即是對愛情的需求。而其所願意且能夠付出的心力，是能滿足本身的慾望與價值，且在精神負荷許可的前提下。男人與女人對於愛情的需求，除了生理的衝動以外，尋求一份「安定感」是共同的希望，但其內涵是有差別的，男人從照顧與保護女人中，肯定自己的能力，安定的家讓男人無後顧之憂，可以全力衝刺事業；女人因為得到保護與照顧而有了安全感，在施與受之間，產生良性循環。

什麼時候會讓人對愛情有所需求？最明顯的階段應是青春期，但是因為升學壓力的緣故，使得需求減緩，因此踏入社會工作後的兩年後是高峰期，對於

職場已經適應，應該開始為結婚作準備；若是就心理狀況而言，容易寂寞或孤單的人對愛情需求亦較高，因為朋友同學陸續成家後，找不到玩伴，當自己獨處時，寂寞感加深，赫然發現自己老大不小，該是成家的時候了！

愛情的需求法則

談情說愛是一種過程，當你有了這種需求，如果你是理性的人，自然會發現有「需求法則」存在，愛情也不例外。所謂「愛情的需求法則」是指當談情說愛時所付出的代價愈大，風險較高，會減少對愛情的需求；當談情說愛時所付出的代價較小，男女會勇於嘗試愛情，因此對愛情的需求會增加，表示愛情的代價與需求呈反向變化。需求的變動，就一般人而言，分為兩種現象：一種是戀愛次數的增加或減少，喜歡愛情悲喜交集的人，對愛情的需求較多，戀愛的意願高，機會相對較多，反則較少；另一種是用情程度的增加或減少，交往時間較久者，用情應較深，但是有些人較情緒化，雖然交往時間短，用情也很

深，因爲對方是自己等待已久的「夢中情人」。

假設某人的愛情需求曲線爲D_0，當談情說愛的代價爲P_0時，由對應的需求曲線，可以得知，某人願意談戀愛的次數爲Q_0，戀愛次數多寡的另一種意義，即是對愛的需求量或供給量的多寡；若談情說愛的代價下降至P_1時，則談戀愛的次數增加至Q_1。舉例而言，張三每失戀一次付出的代價，需要療傷止痛三個月，花掉一年的積蓄，與李四每失戀一次需要療傷止痛三天，花掉一星期的積蓄相較，如果你的狀況是前者，談戀愛的次數應比後者少，否則失戀付出的代價太高；如果是後者，談戀愛的次數應比較多，因爲失戀代價較低（如圖2.1）。

隨著兩人交往時間愈長，投入的感情愈多，用情程度加深，愛情需求曲線由D_0右移至D_1；另一種情形是情場敗將的寫照，常有重蹈覆轍的習性，尤其在愛情的輪迴經常如此，所以在幾次戀情失敗後，會逐漸去調整對愛情的態度，較理性且用情程度會減少，此時愛情需求曲線由D_0左移至D_2（如圖2.2）。

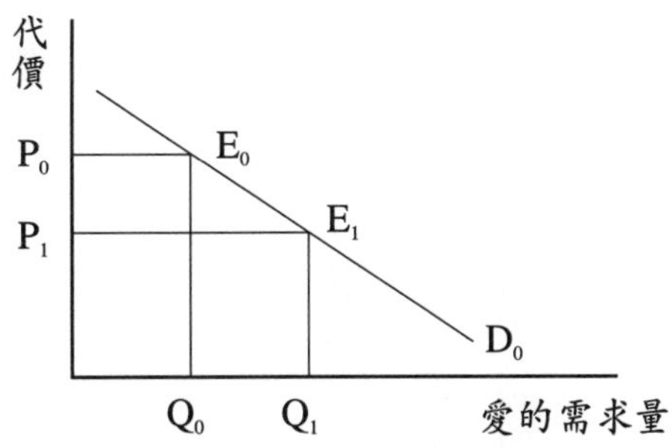

圖2.1　愛情需求曲線

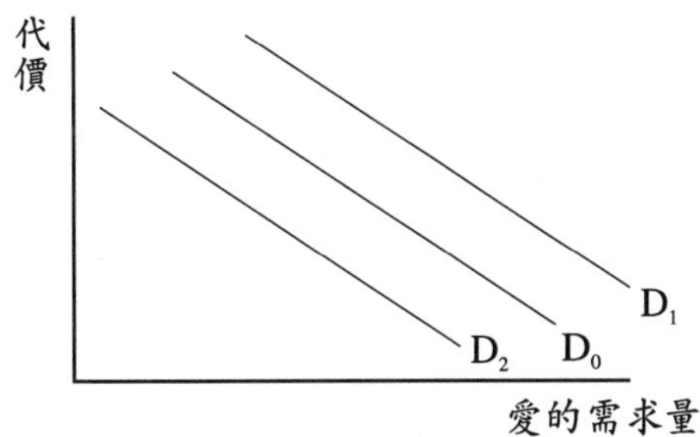

圖2.2　愛情需求曲線變化

愛情的需求法則是當事人自己的觀念或行爲因應的原則，至於你想談戀愛的對象存在哪些特色？簡單來說，就其綜合的條件，即考慮內外在條件以後，可以分爲兩種：正常財與劣等財。

正常財

任何男女對於談情說愛的能力或條件增加時，會增加對某類人選的追求或是付出更多的愛，該類人即是正常財。如果單從外貌來判斷，帥哥或美女必然是正常財，在慾望無窮的驅策下，任何人都會盡能力追求更美的另一半，但是評斷一個人不應該只是「以貌取人」，尙且要注意其內在。

劣等財

任何男女對於談情說愛的能力或條件增加時，反而會減少對某類人選的追求或是付出的愛變少了，該類人即是劣等財。如果以外貌來判斷，先不考慮其他條件，醜男女就是劣等財。

任何人究竟是正常財或劣等財，是由對方判斷，而不是自己認定，且因為個人對條件的好與壞認知不同，判斷的結果也會有差異，因此某甲在某乙的眼中是劣等財，但可能是某丙眼中的正常財。

當兩人決定交往，在彼此的心目中，一定是正常財，否則交往必不長久；當決定要分手時，至少有一方已經認定對方是劣等財，不想再交往了。大多數結婚的夫妻也都有如此的體會，婚前，彼此是對方的正常財，結婚後，彼此是對方的劣等財，究竟為何會如此？這本來就是人性，下一章會討論邊際效用遞減法則，喜新厭舊就是為了滿足原來效用的具體表現，因此對於人性中不好的一面，只能以道德或責任多加約束，也毋須太鑽牛角尖。

大部分被追求的人都是符合需求法則的，也就是追求者要付的代價太高時，會減少追求行動；付的代價很低時，會提高追求行動，但有些被追求者是例外的，例外的原因有兩種，一種是能滿足追求者的虛榮心，另一種是自身條

件眞的太差。

季芬財（Giffen Goods）

此爲季芬（Giffen）所提出，實地觀察愛爾蘭農夫對馬鈴薯的消費行爲，發現價格與需求量是同方向的。任何男女對於談情說愛的能力或條件增加，仍不會增加對某類人選的追求，哪怕是對方採取倒貼的行爲，該類人即是季芬財，條件太差的男女就是季芬財的代表，儘管時下曠男怨女甚多，雖渴望愛情，但對於差勁男女的追求仍望之卻步，儘管對方提出優惠措施。所以由上可以得知，季芬財一定是劣等財，倒貼還沒人要；而劣等財不一定是季芬財，劣等財若採取倒貼策略，也許還有人會考慮。

炫耀財（Veblen Goods）

此爲凡勃倫（Thorstein Veblen）所提出，認爲人會基於炫耀或虛榮心，花

更高的代價追求某類人選，錢花愈多，愈能滿足炫耀的心理，有些人以征服愛情爲成就感的來源，美女尤其難追，有些男人費盡千辛萬苦也要追到手，因爲如此才有成就感，花瓶式的美女是炫耀財的代表。

許多知名女藝人結婚或交往的對象，多半是富商巨賈，而這些富商巨賈所持的心態，不免有購買炫耀財的心理，尤其女藝人若非實力派，炫耀財的性質就愈明顯。

愛情的需求彈性

彈性是指變動程度多寡，彈性大者，變動程度較大；彈性小者，變動程度較小，就如同彈性大者跳得較高，道理是相同的。愛情的需求彈性是指當愛情的價格改變時，個人對愛情投入程度變動的反應情形，主要衡量彼此雙方愛情

價格的變化，對投入的感情所產生的影響，而所謂的愛情價格是指這段感情在個人心中的重要性，其計算公式：

$$\text{愛情的需求彈性}=\frac{\triangle\text{愛情投入程度（愛情投入變動程度）}}{\triangle\text{愛情價格（愛情價格變動程度）}}$$

愛情的需求彈性大者，表示分子大而分母小，分子所代表的是愛情投入的變動程度，分母所代表的是愛情的價格變動程度，雖然其愛情價格的改變，幅度可能不大，但個人對愛情投入程度變動的反應較大，而此種變動有可能是正面的，也有可能是負面的，先看正面的例子：如對夢中情人的崇拜或好色者，皆屬愛情的需求彈性大者，因爲夢中情人或美女的回應，會讓追求者感到興奮，自然增加對愛情的投入，且其投入程度遠比回應者多出甚多；另一種類似的效應，歌迷追逐偶像歌手的情形亦是最佳代表，從許多媒體報導，不管是機場或是高速公路上，甚至是歌手下榻飯店，都有大批追星族出現，偶像歌手的

一舉一動皆能令歌迷興奮許久，爲之瘋狂，所以偶像歌手對歌迷而言是一種需求彈性大的商品，其替代性也很大，可能流行一陣子後，就不見蹤影了。

負面的例子如感情基礎不穩固的人，其中有一方可能隨時終止感情的投入，翻臉跟翻書一樣快，影響程度是嚴重的，這樣的情形也是彈性大的一種，所以如果你們的愛情是急風暴雨式的，雖然記憶深刻，也要提防往負面的方向發展，否則殺傷力也很強。創造不可替代性，想辦法把自己變爲對方心中的「唯一」，這是強化正面發展的指南，也是避免負向發展的良方。

愛情的需求彈性小者，表示分子小而分母大，其愛情價格的改變，雖幅度較大，但個人對愛情投入程度變動的反應較小，如感情挫折而遠離愛情者，在他的內心，愛情仍占有重要地位，對於愛情的價值也深表肯定，但是悲情的記憶使其深怕再度傷害無法承受，因此不論旁人再三遊說，一朝被蛇咬，十年怕井繩，使其對愛情的投入漸微。

大體而言，較情緒化的人，其愛情需求彈性較大；較理性的人，其愛情需

求彈性較小。交往的時間愈長，其愛情需求彈性較大，因爲對感情投入愈深，萬一交往發生狀況，對於當事人感情衝擊較大。

愛情的供給

當談情說愛時所得到的代價愈大，會增加對愛情的投入或增加談戀愛的次數，表示愛情的供給愈多；當談情說愛時所得到的代價較小，對愛情的投入亦較少或減少談戀愛的次數，表示愛情的代價與供給呈正向變化。

每個人都是愛情的需求者，也是供給者，愛情的供給者提供愛給需求者，假設某人的愛情供給曲線爲S_0，當談情說愛的代價爲P_0時，由對應的供給曲線可以得知，某人願意談戀愛的次數爲Q_0，若談情說愛得到的代價升至P_1時，則談戀愛的次數增加至Q_1（如圖2.3）。舉例而言，當另一半對你更好，你也會更愛

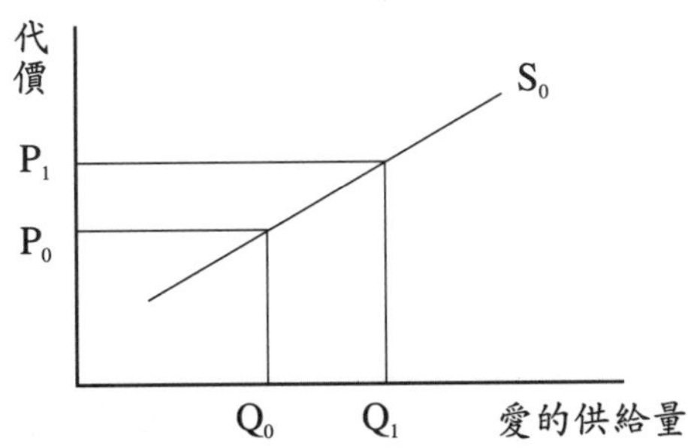

圖2.3　愛情供給曲線

他，因爲你覺值得。儘管兩人緣淺而分開，過去美好的回憶，仍會讓你對愛情憧憬，因此對於下一段感情的來臨，你依然期待。

隨著兩人交往時間愈長，默契愈來愈好，只要對方稍微點一下，你就能瞭解其用意，愛情供給曲線由S_0右移至S_1；另一種情形恰巧相反，交往時間愈久，但因溝通不良，嫌隙加深，用情程度會減少，此時愛情供給曲線由S_0左移至S_2（如**圖2.4**）。

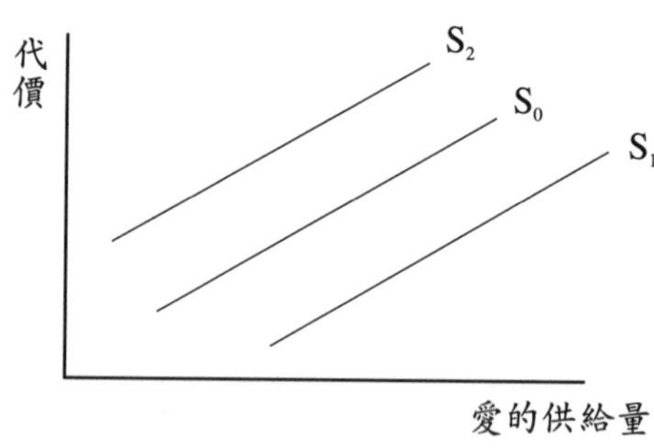

圖2.4　愛情供給曲線變化

愛情需求與供給的均衡

兩人經過一段時間的交往，彼此都瞭解對方的價值觀，雙方所付出的感情與所得到的關心與溫馨都是值得的，彼此也都有共識，情感有交集，結婚也就不遠了，均衡點爲E_0。此時兩人認爲這段感情的價格爲P_0，彼此提供的愛，其多寡是Q_0，可以滿足雙方需求（如**圖2.5**）。

有句台灣俚語「癡情被人當做是爛

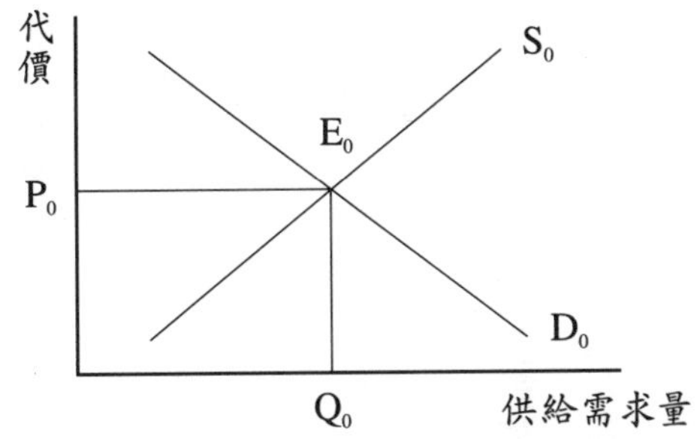

圖2.5　愛情供給需求的均衡

酸菜」，指的就是提供過多感情的一方感歎另一方對這段感情的藐視與不屑，追究其原因，兩人對這份情的評價不一，所以很難有均衡解。在接受者眼中，癡情是供給者自願，感情是不能勉強的，當沒有人要這些感情時，表示供給仍然過剩，價格會繼續下降，自然付出的感情就如同「爛酸菜」一般，沒什麼價值可言。

經濟櫥窗

- 正常財是指當所得增加時，會增加對某類財貨的購買數量，該類財貨即是正常財。
- 劣等財是指當所得增加時，會減少對某類財貨的購買數量，該類財貨即是劣等財。
- 需求彈性是指價格變動對需求量變動的敏感度，即某一商品價格上漲百分之一時，需求量減少百分之幾，或價格下跌百分之一時，需求量增加百分之幾。

第三章

消費愛情的行為邏輯

效用的概念

效用（Utility）是指心理上主觀認爲所得到的滿足程度，效用是一種抽象的觀念，與「感覺」比較相近，若我們對於事物感到滿意，換句話說，感覺也一定不錯，所以滿足程度高者，表示效用較大，滿足程度低者，則效用較低。一般而言，與帥哥美女交往，滿足程度較高，因此效用較大，市面上販售的寫眞集，如果模特兒身材差，便無法滿足消費者的需求，恐怕激不起購買慾。

談情說愛是男女交往的過程，如果把愛情當成是一種商品，談情說愛就是一種消費愛情的過程，由於每個人的個性與環境背景不同，交往的模式也不同，自然結果也會有差異，因此所得到的效用也因人而異。效用因個人價值觀的差異，只能做「個人之內的比較」，而不能做「個人之間的比較」。

效用分爲計數效用與序列效用，所謂計數效用認爲效用可數量化且可以比較，即可以有明確化的數字，如五十或六十；序列效用認爲效用不可數量化亦不可比較，但可以明確的將效用順序加以排列，如第一或第二。就現實生活而言，計數效用是不可行的，因爲目前並未制訂有通用的效用指數，更何況，人是感情的動物，標準不一致，因此序列效用相對可行。當有人替你介紹對象時，總會問你喜歡哪種類型？最喜歡的是哪一種？其次爲何？所以要排出效用的順序較爲簡單。

愛情總效用

愛情總效用是指消費愛情後所得到效用的總和。每談一次戀愛，都能獲得不同的經驗與滿足部分的需求，該經驗所得到的成長與心理滿足，即是效用的總和，且總效用會隨消費愛情多寡之增加而增加，即談戀愛的次數愈多，總效用愈大。至於在情場上屢戰屢敗的人是否有效用可言？因爲創傷太多，一點滿

足感都沒有，哪來效用？情場失意者，其效用在於「經驗的累積」，累積戀愛經驗亦是一種成長，當經驗達到滿足點，可能愛情就成功了。

愛情邊際效用

每增加一次愛情消費所引起總效用增加的部分，即是愛情邊際效用。第一次談戀愛難免青澀，但是滿足感最大，就如同滿身大汗時，喝杯沁涼的水，所得到的滿足感最大，這是相同的道理；第二次談戀愛，經驗就更豐富，較能掌握箇中奧妙，而第二次談戀愛與第一次相較，更勝一籌的部分，即是邊際效用。

邊際效用遞減法則

每增加一次愛情消費所引起總效用增加的部分將會逐漸遞減，第一次戀愛的滿足感最大，得到的啓發亦最多；隨著戀愛次數的增加，對於愛情的好奇與新鮮感會逐漸遞減，所得到的成長亦是遞減的。

邊際效用遞減的現象通常發生於對同一標的重複消費的情形，因爲新鮮感逐漸降低，感覺變差了，自然滿足感減少，所以「喜新厭舊」的行爲，都是爲了找到滿足的感覺，這是人性。因此婚姻制度的設計，早已將人性考慮在其中，犧牲個人的某些效用，避免更多因家庭問題而引發的社會成本。

從人性的角度來看，一夫一妻制的婚姻並不是個人的最大利益，因爲邊際效用持續遞減中，但考量資源有限的配置，也算是「權宜措施」，所以任何人都應該瞭解正常的婚姻生活可能愈來愈無趣，如果雙方不試著注入新活力或調整心態，當離婚的事實擺在眼前，也沒什麼好訝異的，因爲這不過是順勢的結果罷了！

愛情的消費者均衡

有少數的人是愛情中的天之驕子，身旁常圍繞著許多追求者，如果追求者各有所長，該如何選擇？如果你剛失去一段感情，該如何判斷下一個是你要的對象？其實這些問題都可以透過效用的觀念得到答案。

如果你是帥哥美女，是否常感到被追求的困擾？就算追求者的條件都不錯，到底要選擇哪一個，因爲時間與體力有限？建議你不妨給每個人一段時間，觀察哪一個人所帶給你的愛情邊際效用最大，但是你必須注意，比較基礎一定要相同，例如比較經濟基礎是一個項目，人品是一個項目，如果各有優缺點，請你選擇每次相處時比較愉快的人，這意味著他對你的邊際效用最大。

如果你剛結束一段戀情，很不巧的，是你被放棄了，雖然你仍愛著他／

她，但他／她已不屬於你，此時你該找何種對象取代他／她呢？找一個愛情邊際效用與前任相同的，換言之，找一個感覺相似的，但是你可能會擔心又被拋棄。是否會被拋棄與愛情邊際效用無關，關鍵在於他／她是否有誠意與責任感要與你共度一生，而你是否完全瞭解被拋棄的原因，進一步改善自己的缺失，用數學式表示愛情的消費者均衡應符合下列條件：

$$\frac{\text{愛情邊際效用}_{\text{甲}}}{\text{一段時間}_{\text{甲}}} = \frac{\text{愛情邊際效用}_{\text{乙}}}{\text{一段時間}_{\text{乙}}}$$

其中甲乙分別代表不同的人。

替代效果與所得效果

當我們選擇對象時，很自然會以條件好的人列為優先考慮，但是如果你挑有錢的，別人可能說你拜金，如果你挑外表好看的，別人可能說你膚淺，難道要自己委曲求全？俗話說：「人往高處爬，水往低處流」，找個好對象當然是符合社會公平正義原則。不過，怎樣的人才是好對象呢？不奢求「物超所值」，總也要「物有所值」吧！

任何人購買商品時，會考慮商品的價格，如果預算是固定的，那麼所能購買商品數量的多寡則取決於商品價格的變動，因此替代效果與所得效果就是因為商品價格變動所造成的影響。

如果討論到一個人值多少，「身價」恰巧是衡量人的一種價格標準，消費愛情的前提，通常會衡量自己的身價，身價包括內外在條件，不會盲目去追求對象，因此自身的條件即是個人談戀愛的籌碼或預算，究竟對方是否適合自己呢？所找到的對象是「物超所值」或「物有所值」？還是虧大了？如果愛情是一樁交易，所謂「娶到好老婆」或「嫁到好丈夫」，一是指對方的身價與自己相較，有過之而無不及，至少旗鼓相當。

有兩種身價不變的衡量方式，至少如此的愛情不會讓你覺得委屈，甚至是上當的感覺，一是從外在條件考量，如果你選擇的對象，其條件與你相當或在你之下，你可以圓大男人或大女人的夢想，滿足你的愛情效用，所以藉由大男人或大女人的角色扮演，仍可以得到平衡，不在意對方條件比較差；另一種是從內在條件考量，你選擇他的理由是他欣賞你的優點，還有他為你所做的一切感動你，滿足你的效用，對於你而言，上述兩種情形，身價皆是不變的，且能滿足自我，前者較不符合公平對待原則；後者隱含心甘情願。

在父系社會中，男人負責養家活口，男尊女卑，大男人主義盛行，許多婦

女們認為侍奉先生、料理家務是主要工作，各司其職，生活堪稱幸福；亦有些男人入贅權貴，例如駙馬爺，不管是「嫁入豪門」或「入贅權貴之家」，有錢有勢的一方可以滿足大男人或大女人主義，較弱勢的一方，也得到他們想要的，如此的愛情，至少可以得到平衡。

有時候我們會發現某位男人或女人的另一半似乎不相稱，但是為何他或她會選擇她或他？如果你向當事人求證，或許你會得到如此的答案：「一個人的好壞，是要相處過才知道，因為他／她瞭解我，知道我的需要，我們很合適。」

其實這兩種身價不變的衡量方法，本身有其各自的平衡原理，也就是能力大者負擔較多，能力小者負擔較小，在尊卑中取得平衡。

但是你一定會想：我可不可以享有大男人或大女人的權利，而且對方還要瞭解我、體貼我、感動我？現代的社會中，如果你想要找到這樣的對象，到「烏托邦」找吧！如果你覺得自己條件很好，卻情路坎坷，是否患了「魚與熊

掌想兼得」的毛病而不自知？仔細想想。

替代效果

兩人相處過程中，有四種身價變化組合，男人身價不變，女人身價上漲或下跌；女人身價不變，男人身價上漲或下跌。身價上漲的原因，與自己的努力有相當大的關係，但努力不一定有成效，需要創造機會。由於男女人格特質差異，男人較主動，女人較被動，因此男人創造機會的能力比女人強。

當一方身價不變時，由於另一方自身條件發生變化所引起的變動，對雙方造成的影響效果即是替代效果，替代效果是一種消極應對的方式，自己的立場始終不變，變的是對方，例如男女交往有一方發生意外事故導致殘障，而另一方則無恙，無恙者仍愛著殘障者，將獲得殘障者無盡的感激；又如不孕女子，容許先生以傳宗接代爲由，另結新歡或納妾，以上例子皆屬一方身價不變，一方身價變差者。

另一種情形是一方身價不變，另一方身價變好了，例如李四女友爲胖女子，減肥成功後，恢復婀娜多姿的身材，吸引第三者加入追求行列，如果李四仍以昔日對待胖女友的方式與其交往，感情可能因第三者的追求而出現危機。不要責怪李四女友是水性楊花的女子，想想她爲何要減肥？如果你是女人，只是爲了健康因素花時間與金錢減肥，這樣的理由是無法說服人的，再者，如果你是李四，難道你不該爲女友減肥成功而喝采嗎？還是一樣的「視若無睹」、「無動於衷」？或是責怪女友亂花錢？「塑身」是很貴的！

當李四女友由臃腫的身材變爲婀娜多姿時，他們之間的平衡就起了變化，如果李四仍不改初衷，不平衡的情形將持續存在，直到第三者加入，衝擊這不平衡的感情，危機就產生了。換另一個角度來看，人是慣性的動物，兩人相處久了，容易陷入固定模式，因此當一方想改變時，應善盡告知責任，不要以爲對方一定能觀察到，因爲每個人都有盲點，給予適度的提醒與寬容，才不至於失之無情。

所得效果

當另一方身價不變時，由於自己身價發生變化所引起的變動，對雙方造成的影響效果即是所得效果，所得效果與替代效果不同的是，所得效果是改變自己的立場，而對方始終不變。如果你是男人，老婆有外遇是屬於替代效果；如果當你有錢後，開始想娶小老婆，就是一種所得效果。

所得效果同樣有兩種情形，自己身價可能變好或變差，而對方不變。男人身價變好，就想討小老婆或換新車；如果丈夫想討小老婆，別急著責怪先生花心，就如同前面李四與胖女友的情形類似，雙方由平衡變爲不平衡，如何使這不平衡再恢復到更好的平衡，身價變差的一方應面對事實，而不是喪失自信或自尊的指責對方變心，更應該以喜悅或欣賞的角度，爲對方更上一層樓喝采，如此才是一種良性循環。

當男人面臨工作瓶頸或不順利時，意味著身價變差了，此時男人應面對自

己的窘境，尋求妻子的諒解與支援，而不是用頤指氣使的態度維持自己的面子，這就是認清事實；如果妻子聽到壞消息，也是一陣牢騷，問題可能擴大，假設你不知說什麼安慰的言語，至少不要落井下石，如果你是聰明的妻子，應該給予鼓勵與安慰，減輕壓力。

當夫妻之間發生替代或所得效果時，首先應該認清彼此是否完全瞭解對方的處境，以體諒或寬容的心與對方溝通，而不是利用夫妻的「唯一」關係，去解決已經發生不平衡的現狀，如此才可能化危機爲轉機。

出軌風險的選擇

電影《麥迪遜之橋》是女性外遇的經典之作，女主角梅莉史翠普雖然感動於男主角克林伊斯威特的追求，內心產生掙扎與糾葛，幾度想要離開純樸的小

鎮，去追求自己嚮往的生活，但是礙於傳統的約束，終究還是選擇留下來面對單調的日子，而男主角也只能抱著遺憾離開，尤其當梅莉史翠普與先生上街購物，卻發現克林伊斯威特站在滂沱大雨的角落凝視著她，她在車內被克林伊斯威特的深情感動得熱淚盈眶，此時的情緒糾葛沸騰到了極點，原本相愛的兩人決定離開小鎮，卻因爲先生與小孩從遠地返家，情勢逆轉，梅莉史翠普還是選擇了維持家庭的完整，讓克林伊斯威特與她的這段情，成爲生命中美好的回憶。

從這部影片之所以深受女性觀眾的喜愛，可以發現「外遇」這件事，女性受到的壓抑比男性大，在看電影的同時，劇情的張力牽動許多女性的內心深處，發洩了潛在的慾望，因爲現實生活中，你的另一半大部分都不是你所認爲最理想的，但你是否會因此出軌呢？

每個人對事物的喜好是不同的，當然交往的對象也各有特色，大部分的人都喜歡從一而終的愛情，但是有些人仍喜歡冒險，喜歡同時交往兩人以上的異

性為樂，因為那種征服愛情的成就感，讓人感到生命的活力，有些人是相命學所謂「桃花」很重的人，誘惑特別多，因此出軌的機會也比較多，但是究竟出軌成功與否，與他對風險的偏好有關，如果他是「風險厭惡者」，則出軌比較不會成功；如果他是「風險喜好者」，則出軌比較會成功。《麥迪遜之橋》中的女主角是「風險喜好者」或是「風險厭惡者」？

「風險喜好者」是指出軌者每次出軌後所得到的愛情邊際效用呈現逐漸遞增的情形，也就是偷腥的感覺一次比一次更美妙，前面曾提及，愛情的價值高低是由愛情邊際效用決定，所以當出軌後，得到的邊際效用為正且遞增，表示出軌的新鮮感與刺激令出軌者感到滿足，甚至引發食髓知味的效果，日後出軌的機率增加，其愛情總效用圖形如圖3.1。

「風險厭惡者」是指出軌者每次出軌後所得到的愛情邊際效用呈現逐漸遞減的情形，出軌的痛苦感與罪惡感令人不安，讓人不會想出軌，因此愛情邊際效用遞減，其愛情總效用圖形如圖3.2。如果從女主角剛開始的行為分析，她應

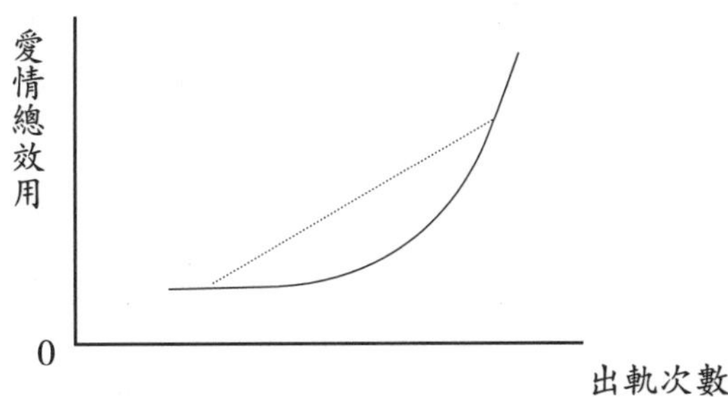

圖3.1　風險喜好者之愛情效用曲線

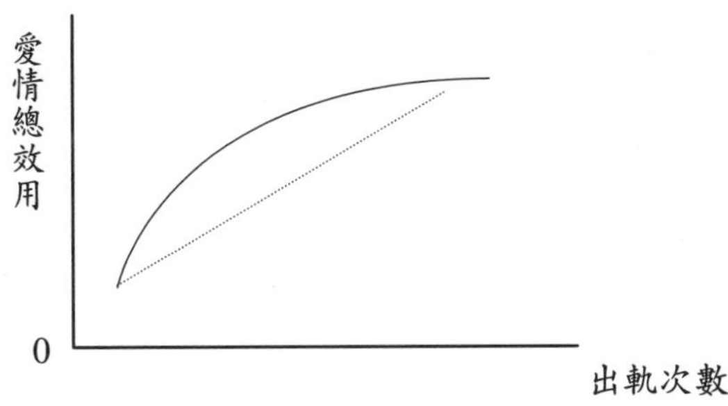

圖3.2　風險厭惡者之愛情效用曲線

該屬於「風險喜好者」，但是從結局來看，她卻是「風險厭惡者」。事實上人性有冒險犯難的精神，也有追求安定的需要，尤其是感情，很難在事發當時有強烈的風險意識，除非平日對風險的敏感度已成為慣性，因此當面對感情時，大部分人的本性不見得是「風險厭惡者」，但是在法律、道德與責任約束下，結果應該都屬於「風險厭惡者」，家庭關係才能穩定維持，否則滿街可能都是「姦夫淫婦」，家庭倫理蕩然無存，我們的社會問題會一籮筐。

經濟櫥窗

・總效用是指某消費者在一特定期間內，由消費某種物品所獲得的滿足的總和。

・邊際效用是指某消費者在一特定期間內，增加或減少某物品消費，所增加或

減少的滿足。

・邊際效用遞減法則是指某消費者在一特定期間內所消費物品數量愈多，後來每增加一單位物品消費所帶來的滿足比原先那一單位少。

・消費者剩餘是指消費者對購買某物品所願意支付的代價，比實際支付時多出來的部分。

・替代效果是指當實質所得不變時，由於價格變化所導致的需求量變化。

・所得效果是指當物品價格不變時，由於所得變化所導致的需求量變化。

第四章

激情理論

談情說愛的激情反應與電影分級的道理雷同，限制級的情愛電影，大多數與性或暴力有關，甚至裸露畫面，激情程度較高，因爲十八歲以下年輕人心智尚未成熟，深怕有不良影響，所以禁止觀賞，而激情反應不是「招之即來，揮之即去」，必須生理與心理因素配合，才能發揮效果。小孩子不懂事，求學爲其重點，需要親情與友情，激情不是迫切需要的；老人雖懂事，但是生理機能退化，常常是「心有餘而力不足」；只有青壯年，最有本錢享受激情的樂趣，談情說愛的過程中如果少了激情，那愛情就遜色許多了。

許多女性常埋怨另一半不解風情，責備對方是「呆頭鵝」或「木頭人」，正因爲女性受到社會價值觀影響較深，壓抑心中的激情也較男性明顯，期待男友或先生的情緒牽引，產生移情作用而得到滿足；好不容易熬到結婚後，總算可以名正言順地展現激情，但如果與公婆同住，似乎又得壓抑了。

我有位女同事，結婚後與公婆同在一屋簷下，結婚三年後，一直督促先生搬出去，先生說：「台北房屋如此昂貴，怎負擔得起？」我告訴這位女同事，

先生顧慮是正確的，再加上小孩，生活壓力更重，生活品質一定更差，但是同事仍執意要搬出去，她告訴我們的理由是：「與公婆同住，連穿性感內衣都有所顧忌，如果搬出去，就自在多了。」

詢問另一位情形類似的女同事，她也表示：「公婆人都很好，但是確實顧忌公婆臨時有事來敲門，性感的穿著令人尷尬，所以搬出來。」我想她們想搬出來的理由，主要是追求自在，而「穿性感內衣」也許是玩笑話，但卻反映出閨房情趣的重要，「性感內衣」所扮演的角色是一種催情劑，希望引起激情反應。

激情函數

這幾年來，台灣賣座的電影，如《鐵達尼號》、《英倫情人》、《侏羅紀公

園》、《七夜怪談》……等，都有一個共通的特性，即牽動觀眾的情緒，讓觀眾融入劇情，票房與口碑自然來。你還記得《鐵達尼號》上映時的盛況嗎？全球婦女爲之瘋狂，看了七、八遍者大有人在，而觀眾對電影所產生的共鳴，則來自於「激情反應」，不管是悲喜交集或是驚慌離奇，因此可以得知，情緒是會被帶動的，但視個人因素，程度會有所不同。

激情是結合動情激素所產生的一種過程，通常激情反應的表徵是精神亢奮。不管激情的來源是喜怒或哀樂，由於每個人心理與生理結構不同，激情反應也有差異。藉由動情激素爲因，透過生理與心理的化學作用，結果產生激情反應，以函數形態表示動情激素與激情反應兩者的關係，即爲激情函數，換言之，投入動情激素，就會產生激情作用。動情激素是引發激情的來源要素，主要來自心理，歸納成下列幾項：

年齡

年齡是最重要的一個因素，年齡大小，反映出個人生理與心理狀況，二十至三十歲是生理的顛峰期，特別是二十五至三十歲，已完成學業，踏入社會工作也有一段時間，如果工作穩定，就應考慮結婚，「成家立業」乃人生大事，因此三十歲左右是爲結婚作準備的衝刺期，動情程度最大，即適婚年齡者動情激素較多，由於生理需求或是來自長輩的壓力；至於青春期的男女動情激素亦較多，源自於對愛情的好奇心，但因青春期皆爲求學階段，沉重的功課壓力降低對異性的需求，動情程度也受到壓抑與轉移。

當你過了五十歲以後，如果婚姻美滿者，枕邊人的一切都已瞭若指掌，親情的溫暖已勝過激情，再加上現代人面臨較大的工作壓力，如果平時又欠缺保養，恐怕機能衰退不少，「力不從心」的遺憾無法避免，儘管心裡想，也可能「欲振乏力」，動情程度大爲減低。

心態

人是群居的動物，沒有人喜歡孤單與寂寞，所以說：「少年夫妻老來伴」，由於生長環境的差異，再者，個人修持不同，對於寂寞忍受程度也不同，所以有人喜歡湊熱鬧、逛街，享受人潮的樂趣；但也有人喜歡遠離人潮。從心理學的角度來看，容易感到寂寞者，多半缺乏安全感，獨處時特別不自在，需要有人陪伴，對於愛情需求較殷切，因此動情激素較多。

尤其在下班後經常排滿聚會而非必要公務者，這類人寂寞心態最明顯，因爲回家後可能又要面對冷冷的牆，如果電視節目又難看或不喜歡看，特別容易感覺漫漫長夜有些難熬；另一種須藉由宗教找到寄託者，也是容易寂寞的人，透過教友的關心，讓自己的寂寞少一些；反而是懶得出門者，寂寞心態較不明顯，能夠悠閒地獨處，不管是看電視或讀書都自在，孤單但不寂寞。

面對寂寞的方式，一般人都會採取遠離的方式，因爲你無法消滅它，找個伴是解決寂寞的最好方法，所以廣結善緣，多參加聚會，藉由對活動的融入，把寂寞拋向腦後，而融入活動的多寡，就是動情程度的表徵，聚會愈多者表示動情程度高，懶得出門者動情程度低。

個性

找個條件好的人度過一生，是每個人的願望，因此有人「寧缺勿濫」；但是有人認爲青春有限，怎可辜負大好時光，「英雄無用武之地」是多麼可惜，因此「寧濫勿缺」、「殺無赦」。如果依選擇對象的條件好壞來判斷個人的動情程度，我們可以發現，好色者動情激素較多。所謂好色者就是指來者不拒者，秉持的態度就是「寧濫勿缺」，因爲這類人基本上的個性認爲有總比沒有好，動情程度較高，即俗話所說：「較易發情或不挑食者」；而專挑條件好的帥哥美女者，要求標準高，屬較不容易動情者，其認爲「寧缺勿濫」。

將上述動情激素與激情反應的關係，以數學方式表示激情函數如下：

激情反應＝f（年齡、心態、個性）

激情指數

激情指數是衡量未婚者對愛情消費的形態，計算方式為加總各動情激素所產生之動情程度權數，即可得到激情指數。有了激情，你是否就能擁有愛情？只能說你有談情說愛的意願，但不保證你可以成功。

被追求者的激情指數一般較低，因為被動的地位，可能在心態上較保守，不主動安排聚會，且選擇對象偏帥哥美女，只須配合追求者的行動就能擁有愛情；而追求者的激情指數比較高，因為處於積極的地位，心態較主動，會設法安排聚會，而且其年齡層皆屬動情程度較高者，從以上的情況來看，男人的激情指數比女人高，因為男人多半是追求者。各種動情激素與動情程度權數如表

4.1至表4.3，依所計算出的指數多寡，可以將未婚者消費愛情的形態區分爲三類：

大於或等於11以上

屬於奢侈型消費愛情者，勤於參加各類聯誼活動，甚至經常相親，投入較多心力想盡快成就戀情。就個性與動情程度的關係而言，大部分人選擇對象都喜歡「偏帥哥美女」，至少「適中」，因此激情指數仍大於或等於11以上，表示已屆適婚年齡且聚會頻繁者，如果此時你已在戀愛中，可能結婚也不遠了；如果還在尋尋覓覓中，恐怕該「拉警報」了！

替自己創造愛情的機會，是奢侈型消費愛情者的目的，但是緣分的事很難預料，要找到一個價值觀相近的人才能有解，並不容易，最好的方式是多嘗試。當年紀愈大時，對女性是愈不利，而男性似乎可選擇的範圍愈廣，其實不然，反而是愈來愈難，因爲你喜歡的可能已經都「死會」了，再加上考慮的因

表4.1　年齡與動情程度關係

年齡	14-17	18-22	23-28	29-32	33-36	37-40	40-50	50以後
動情程度	1	3	4	5	4	3	2	1

表4.2　心態與動情程度關係

心態	懶得出門	聚會少	適中	聚會偏多	排滿聚會
動情程度	1	2	3	4	5

說明：聚會多寡如何決定？平均一星期之中有三次聚會以上者屬偏多，如果超過四次以上，則屬排滿聚會者；平均一星期之中有二次聚會以下者，屬聚會少者，低於一次者，則屬懶得出門。

表4.3　個性與動情程度關係

個性	專挑帥哥美女	偏帥哥美女	適中	偏來者不拒	來者不拒
動情程度	1	2	3	4	5

說明：所謂「帥哥美女」不單指外貌部分，應考慮性情、學經歷及獲利能力。

素更多，行動變差，否則你早就成家。如果此時又有來自長輩的壓力，你恐怕會步入「來者不拒」，激情指數再度升高，所得到的愛情，離你的理想會愈遠。

所以當你落入本區間時，應該徹底檢視自己一番，瞭解自己的問題所在，急躁並不是解決問題的方法，開放的心胸、樂觀的態度才是正確的，你只要確定自己的努力是否足夠，其他的就交給老天爺吧。

如果你已超過三十六歲，激情指數仍大於或等於11以上，表示你的活力相當充沛，聚會多且來者不拒，你的希望仍無窮，但是成功率可能愈低，因為你的攻勢類似「散彈槍打鳥」，博而不專，無法集中火力。

大於或等於8但小於11

屬於正常型消費愛情者，不刻意營造戀愛情境，順其自然而為，其愛情品質是三類之中最高的。就其年齡層而言，如果你是年輕人，激情指數落入本區

間，表示心態、個性與動情程度在「適中」以下，自然的聚會與對象選擇，都能符合自己的期望，因此愛情品質較高；如果你已屆中年，必然對於愛情已有相當領悟，心態上不屬於「排滿聚會」，且個性也非「來者不拒」者，也能遵循自己的意願，因此愛情品質也是較高的。

小於8

屬於貧瘠型消費愛情者，投入較少心力或實際行動經營自己的愛情事業，可能自己是被追求的拿喬者，抑或是年紀較長者，體力受限，不容易再有激情。如果是高中生或是年過四十歲的人，其組合應是聚會少且偏好帥哥美女，除非你自己是被追求者，否則你並不熱中愛情；如果你是二十至四十歲的人，一定是條件非常好的人，否則少出門又怎會有愛情？因此可以得知，激情指數小於8者，以被追求的拿喬者最可能，如果你是平易近人的被追求者，恐怕聚會不少，指數應大於8。

貧瘠型消費愛情者的愛情品質表面雖風光，而實際則不盡然，如果你屬於這一類，愛情還算得意，應該珍惜，應充滿感恩的心；如果愛情不如意，也毋須太懊惱，因爲這是理所當然，你只是承擔自己行爲的後果而已。這類人的愛情，可以明顯看出，一方付出較多，另一方付出較少，感情的事需要雙方努力經營以達到平衡，「得之於人者多，出之於己者少」的愛情無法撐一輩子。

激情指數幫助個人瞭解自己與另一半愛情的消費傾向，例如張三年齡三十二歲，下班後少出門，對於選擇對象偏好帥哥美女，查表得其動情程度權數分別爲5、2、2，總數爲9，屬於正常型消費愛情者。

張三雖已屆適婚年齡，但就其選擇對象仍偏好帥哥美女，表示其相當堅持自己的志願與生活品質，因此下班後的聚會減少，所以如果你是張三的父母或朋友，不要再催促他趕快結婚，因爲他是成年人，有能力爲自己的決策負責。

經濟櫥窗

・生產函數是指生產因素（資本、勞動）使用量與其所能生產出的最大產量間的技術關係，以數學式表示爲：

產量（Q）＝f〔資本（K）、勞動（L）〕

第五章

愛情的利潤成本與收益

談情說愛的主要目的是爲了成就一樁好姻緣，過著幸福美滿的婚姻生活，但是「天有不測風雲，人有旦夕禍福」，並不是所有人的婚姻都是功大於過，所以每個人總是在婚前仔細盤算著，結婚一定要比單身好，否則就不結婚，而所謂結婚比單身好的意義是指得失之間相抵後，雙方都感覺有所得，因此婚姻應是一種雙贏的終身遊戲。

「有所得」可能是有形的，也可能是無形的，簡單來說，可以用「正常利潤」與「超額利潤」形容；不少人在婚姻中跌跤，創痛的記憶令人裹足不前，如此的婚姻代價太高，換一種說法，成本太高，收益太少。

正常利潤

男女之間的交往，對雙方而言，都必須投入時間與感情，這是談戀愛的成本，收穫是來自對方的回饋與自己內在的成長，加減之後，感覺所交往的對象對自己而言，至少是「物有所值」。而「物有所值」所代表的是對方給自己的

有形與無形回饋，與自己所投入的時間、金錢與感情相較，是一種等值的觀念。如果感情是一樁桃色交易，交易的目的是希望謀取「超額利潤」，不只是一種「正常利潤」，則「物有所值」僅是「正常利潤」罷了。

一般人只要稍微用心經營愛情，成果應該不差，所以大部分的婚姻都存在「正常利潤」。許多有頭有臉的大戶豪門，嫁女或娶媳皆希望能「門當戶對」，因爲如果親家是「門不當戶不對」，對這些大戶人家而言，立即顯現的是「物沒有所值」，表示連「正常利潤」都沒有，如此不是吃虧了！對於「不吃虧不占便宜」是大家可以接受的，「吃小虧」一般人仍有此度量。但是婚姻是一輩子的事，在父母的眼中，兒女都是最好的，因此只有「不吃虧與吃大虧」兩種，「門當戶對」充其量也只是「不吃虧」，對於雙方都只是「物有所值」。有句話說：「天下父母心」，尤其是嫁女兒的父母，總希望女兒有好歸宿，這不是現實，而是出自疼愛之心，因爲有錢人家的孩子教育一般較好，人品也可能較好，所以有錢人家女兒，還要找更有錢的夫家，如此生活比較有保障。

雖然如此的觀念可以理解，但是有些相愛的情侶因爲家境因素而無法成眷屬，活生生被拆散，卻不禁令人懷疑：有錢人家原本就不缺錢，與更有錢的人家聯姻，就能保障幸福？但實際未必如此，除了贏得面子以外，其他都不能保證，況且子女已成人，父母的好意應告知，但不可過度干涉，否則對於公平正義的扭曲，恐怕只有更嚴重，並無正面意義。

超額利潤

另一種「有所得」的情形是，交往的對象對自己而言，已是「物超所值」，換句話說，就是得到「超額利潤」。雖然說：「婚姻不是買賣，因此收聘金的習俗，逐漸被改善，象徵性的意義較多。」但是當男女雙方決定結婚時，只是不合時宜的形式被取消了，交易的本質仍然存在，條件論就是最佳的證據。既然交易本質存在，追求「超額利潤」就不應被譴責，此乃理性的行爲，我們該譴責的是利用不正當手段取得「超額利潤」者。

追求「超額利潤」常被批評為「勢利或市儈」，其實這是不正確的，尤其是男女之間的交往，基於「物種進化原理」，醜男就應該找美女，而醜女就該找帥哥，我們常說要為後代子孫謀福，「品種改良」就是最大的一步。但是大多數的人不會這樣做，因為「自尊」的問題作祟，如同窮人不敢與有錢人交往，認為自己高攀；醜人要是追帥哥或美女，「醜人多作怪」的批評隨之而來，在自尊受損的煎熬下，再加上成功機會不大，通常是打退堂鼓，以免白費力氣。

對於以正當手段追求超額利潤者，如醜男追美女或是醜女追帥哥，抑或是窮人追求有錢的對象，都應該受到鼓勵，因為他們必須克服多少異樣眼光，鼓足多少勇氣，才能跨出第一步，其精神可嘉。雖然如此的上進方式，惹人非議，但「不入虎穴焉得虎子」，況且正當手段乃良性循環，應秉著「君子成人之美」的心情看待，而不應以「醜人多作怪」鄙視之。

成本

一般人的成本概念主要來自金錢支付，所花費的金錢就是一種成本，談戀愛必須投入金錢與時間，而時間也是一種無形的成本，因爲時間無形，較不容易感受其蹉跎度過的代價，但是當你察覺後，再回頭已是百年身。談戀愛的年紀一般較輕，可以盡情揮霍青春，時間的成本較容易被忽略，但是隨著年齡逐漸增加，時間的成本就愈大。學生時代以讀書爲主，生活較單純，談戀愛是空閒時的附帶利益；當踏入社會後，交際日益廣闊，責任與壓力也愈來愈大，空閒時間愈來愈少，因此時間的成本較大。

考量成本是爲了避免無效率的事情發生，這與急就章是不同的，而且與浪漫與否亦無關，多數人的心理還是存在成本與效益的考量，否則曠男怨女不會愈來愈多，只是這些成本與效益用不同的方式呈現罷了。男女之間最忌諱談論「錢」，因爲談錢讓人覺得太勢利也太俗氣，因此「時間投入」多寡，被視爲「誠意」的指標，但是錢卻是最直接的成本，也可能是最直接的收益。窮女人與有錢男人交往，如果男人長得帥，大家就會羨慕地說：「麻雀變鳳凰」，如果男人長得不怎樣，恐怕「拜金」的罪名難逃；窮男人追求有錢女人，恐怕會惹來「攀附權貴」的批評，所以「錢」在男女交往中雖然重要，但只能在檯面下談，心知肚明即可。

就因爲談錢太俗氣，「個性適合度」與「時間投入程度」顯得特別重要，而「個性適合度」可以用時間彌補，總而言之，「時間投入」乃成爲男女交往的重大因素，因此我們針對時間成本加以剖析一番。

機會成本

選擇與某人交往，而必須放棄與其他人交往的機會，該次放棄的機會，即

是與某人交往的機會成本。每個人的體力有限，時間也一樣，當你將時間花在張三身上，時間就消逝了，時間消逝後不復返，如果當初你沒有將時間投注在張三身上，而是花在李四身上，所得到的結果一定不同。很多人也許會說，可以同時與張三及李四交往，魚與熊掌兼顧，那是因爲你有充裕的時間。如果你的時間緊迫，只夠與一人交往，選擇張三，你可能要暫時放棄李四；選擇李四，你可能要暫時放棄張三，放棄與張三或李四交往的機會，就是機會成本，因此機會成本是一種選擇的成本。

機會成本的產生是因爲你所放棄的，可能是最適合你的，當你選擇張三，但結果卻顯示李四較適合，但李四已成爲別人的伴侶，就算你想重新再來，爲時已晚，所以機會成本包含兩種風險：一種是兩頭空，最初選擇張三，經過交往並無結果，且與李四不可能再交往；另一種是不適合的配對，雖與張三有結果，卻覺得李四更適合。

短期成本

成本依時間長短可以分爲短期成本與長期成本，所謂短期是指無法避免固定成本投入的期間，其中固定成本是指談戀愛所需的必要時間與金錢投入，因爲戀愛過程中，從不熟悉到男女朋友的階段，必定要耗費一段時間，而這段期間所須投入的成本是必要且無法避免的，否則兩人無從交往，因此這段尷尬期間所投入的成本，就是一種固定成本。在短期，投入的成本又可區分爲固定成本與變動成本，變動成本是一種可以避免的成本，當雙方熟識程度到達穩定狀態時，屬於較形式的花費可以節省，例如九十九朵玫瑰可減爲二十朵，高級餐廳用餐改爲平價餐廳等。

長期成本

在長期，所有成本都是變動成本，並沒有固定成本，因此當男女感情穩固

後，雙方談戀愛的成本均有遞減的現象，多一些實際，少一些表面，可以節省錯誤資訊傳遞的成本，減少因誤解所造成的額外支出，例如男女雙方因誤解而爭吵，當眞相大白後，過失一方爲表示歉意，通常會採取補償措施，必須支付比原來的預算較高的開銷，請吃大餐或送好禮，這筆額外成本就是一種可避免成本，誤解可以善了也算圓滿，如果誤解愈鬧愈大，就得不償失了。

況且雙方默契良好，溝通更有效率，再者，如果有結婚打算，成本會更節省，爲了將來教育孩子之用。但是成家以後，有了孩子，各項支出增加，成本又產生遞增現象，故男女交往的長期平均成本曲線，先遞減後遞增，呈「U」形狀，長短期成本曲線如**圖5.1**，長期成本曲線是由一連串短期成本曲線所構成。

對於愛情浮浮沉沉的人，其所付出的成本是最高的，因爲交往人選更換頻率較高，爲了熟悉對方，有太多的固定成本要投入，無法產生遞減的效益，所以談戀愛次數愈多，固定成本也較高，損益兩平的門檻相對提高；而第一次戀

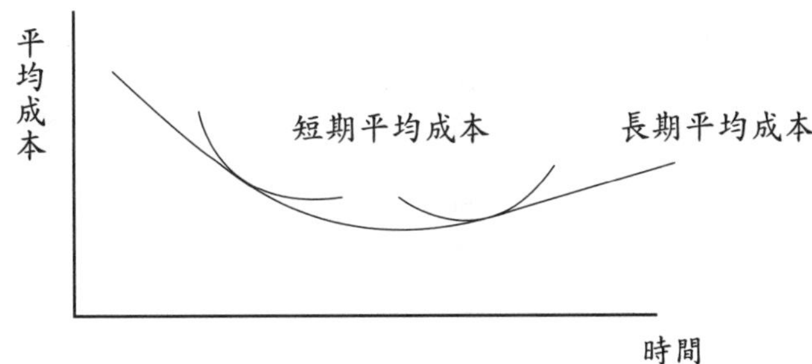

圖5.1 短期與長期成本曲線

愛成功就決定結婚的人，固定成本最小，以時間有價來看，效益最大。有些人認爲一次戀愛就結婚，回憶太少，感情生活不豐富，這種見解是建立在時間沒有成本的前提，許多人閒著也是閒著。

生活豐富與否，以及回憶多寡，與你交往的對象人數沒有直接關係，而是與交往時的品質有關係。雖然僅與初戀者相守一輩子，每一次的聚會，品質高且回味無窮，何須四處找尋新歡，所謂「曾經滄海難爲水，除卻巫山不是雲」，就是這種感覺。多談幾次戀愛，可能有

較多的生活體驗，不代表品質較好，也許傷痛還更深呢！只能說戀愛次數多者，以機率來看，命中好品質的機會較多，而不是品質一定較好。

收益

戀愛是人生中的一段美好回憶，可以浪漫，也可以很酷；可以平淡，也可以濃烈。隨著相處模式不同，所得到的收益也不同，濃烈的戀情，一般感受較深刻，當然衝擊也很大，瓊瑤小說中的男女主角是典型代表；平淡的戀情，通常是感情穩定後較有可能，如果剛認識就處於平淡狀態，恐怕是雙方意願不高，戀愛可能談不成。

談戀愛的收益大致可分爲有形與無形兩類，有形的包括對方贈送的禮品與各種活動招待（如吃飯、看電影、旅遊……等），其頻率依據雙方交往情形而

定，覓得如意郎君或美嬌娘更是最大的收益。無形的收益主要來自內在的滿足與成長，內在的滿足是綜合各種感覺的結果，如溫馨的感覺、成就感、便利性、安定感……等；自我成長包括觀念的領悟與處事的成熟度，是自我實現的一環。

無形的收益不單只是甜蜜的部分，對於成長幫助最多的，反而是痛苦的那一部分，因爲從戀愛的那一刻開始，你要學習去關心與體諒對方，哪怕你是從小被呵護長大的，因爲你必須調整自己與對方配合，調整的過程中難免陣痛，否則你只是停留在過去，各種不協調的徵候不斷（如衝突、爭吵與掙扎），這樣的戀愛是不會長久的，而且你可能在以後的戀愛中重蹈覆轍，直到傷痕累累時才恍然大悟，但一切似乎爲時已晚。

隨著兩人交往的情形不同，互動的結果也有差異，有些人付出的少，得到的比較多；也有些人付出的多，得到的反而比較少，其實這「多」與「少」存在某些主觀的認知，並非絕對的，因爲每個人行爲模式不同，對於多寡的定義

也不同，容易滿足的人，常感覺自己付出的少，得到的多；不容易滿足的人，常感覺自己付出的多，得到的少，所以兩個人的交往，根據他們的感情狀況，可能出現下列三種情形：

規模報酬固定

愛情對任何人都是終生的事業，依據個人投入的規模不同，所得到的回饋也不同，且感受深刻與否的程度也因人而異。當投入與報酬對個人的感覺是相當的，這種情形的規模報酬是固定的，表示對投入的一方而言沒有驚喜，因爲對方的反應可能在掌握之中，通常兩人感情穩固後的交往情形，皆屬規模報酬固定。

規模報酬固定的愛情，對任何一方的收益與投入成本是等比例的，這是一種次佳的狀況，「有借有還，再借不難」。當兩個人的相處模式是屬於這類型，表示兩人的愛情是一種習慣性，新鮮感逐漸降低中，兩人的交往方式應該

調整，以增加生活情趣。

規模報酬遞增

當一方投入的程度較少，卻得到較多報酬，這種情形的規模報酬是遞增的，愛情的可貴就在於雙方的良性互動，讓談情說愛的過程中充滿溫馨與驚喜，對雙方的規模報酬都是遞增的，這是最佳解，因爲愛情不是你死我活的「零和遊戲」，應該是「雙贏遊戲」，天下沒有白吃的午餐，想要雙贏，不用心經營是無法達成的。最常看見的規模報酬遞增情形是當兩人感情仍處於追求期時，被追求者的規模報酬是遞增的，因爲在雙方互動過程中，其多半被動應對，相較於追求者，其投入較少，得到較多。

規模報酬遞減

當一方投入的程度較多，得到的報酬較少，這種情形的規模報酬是遞減

的，短期內的規模報酬遞減是可以接受的，因為每個人的際遇有時好、有時壞，不可能永遠順遂。我們都是凡人，當另一方的遭遇跌入谷底時，已是「泥菩薩過江自身難保」，又怎能替對方創造出規模報酬遞增的情境？但是如果有一方長期處於規模報酬遞減的局面，感情恐難維持。尤其是兩人分手前的期間，儘管雙方試著包容對方，努力溝通，但效果漸形惡化，爭吵不免，即是規模報酬遞減的最佳寫照。

經濟櫥窗

- 正常利潤是指交易中僅賺取應該賺的部分，通常隱含於成本中。
- 超額利潤是指總收益減總成本為正數的部分。
- 生產因素增加時，產量以相同比例增加，此種生產規模為「規模報酬固

定」；若產量增加比例大於生產因素增加之比例，則為「規模報酬遞增」；若產量增加比例小於生產因素增加之比例，則為「規模報酬遞減」。

第六章

愛情市場

在愛情的市場中販賣的商品是「愛情」，因此每個人都是愛情市場的消費者與生產者。當你在談情說愛時，除了享受愛情的種種外，同時也是情境的製造者，享受時刻，你扮演的是消費者的角色；製造情境時，你扮演的是生產者的角色。雖然每個人可以身兼兩角，但是在上天巧妙安排下，愛情卻無法自給自足，每個人就好像是只有一隻翅膀的天使，必須找到與你相輔相成的另一隻翅膀，才能順利飛行，所以在愛情的市場中，每個人不僅須設法製造適合愛情的情境，同時還須尋找與你交易配對的一方。

由於每個人的條件不一樣，擁有的資源不同，自然所處的市場也不同。依據個人條件的差異，所處的愛情市場，從生產者角色來看，可分爲完全競爭、獨占與寡占三種，而你自己是活在哪一種市場？仔細檢視自己的條件吧！

完全競爭市場

生產者以追求最大利潤爲目標，消費者則以追求最大效用爲目標。因爲每個人身兼愛情的生產者與消費者，因此大多數人的理想目標是在愛情市場追求最大利潤，喜歡找有錢人交往；同時還要滿足效用最大，最好是帥哥美女。除非你是屬於「海畔有逐臭之夫」之流，否則兼得「魚與熊掌」是正常人的期望。由此可知，人性是傾向貪婪的，但是能否達成此目標，還要看自身的情形如何，究竟自己的條件是屬於哪一種市場？夠不夠資格掌控愛情市場的變化，進而左右你想與他／她「束配」的行動策略？我們先從完全競爭的愛情市場談起。

完全競爭的愛情市場其特性如下：

一、由於「愛情無法自給自足」，所以你必須尋找另一個談情說愛的對象，鎖定目標後，開始促銷你的愛情，但是在完全競爭的愛情市場裡，有很多的人提供與你雷同的愛情，再加上市場的訊息充分流通，那些對你有意思的人，從各種管道瞭解你的資料，多加比較，再決定要不要接受你的愛情，不管你自己或家族的力量，皆無法透過個別的需求或供給來影響整個市場的愛情價格，因此個人只是「價格的接受者」，而不是「價格的決定者」。

二、參與者具有完全移動性，即自由進出市場沒有障礙。當你喜歡某人，你可以自由自在地去追求，對方並沒有任何門檻；相對的，當別人追求你時，你也不預設任何立場，會給對方機會。如果當你覺得追人或被追，實在太累了，你隨時可以退出。

由以上的特性分析，有哪些人是活在完全競爭的愛情市場？簡單而言，與你條件相同的人很多，而且你所提供的愛情與其他人相較，沒什麼差異，那你就是處於完全競爭的愛情市場。在我們的周遭中，有一種人是典型的代表，

「條件差的女人」所面對的愛情市場，就是完全競爭市場，而所謂條件差的女人是指外貌醜、身材離譜、性情差、書讀得少又不會賺錢等各項指標綜合評量的結果，但是在男人眼中，「醜女人」已相當近似「條件差的女人」。因爲她所提供的愛情，任何女人都能提供，甚至比她好；再者，在「英雄所見略同」的充分訊息下，少有「情人眼裡出西施」的奇蹟，因此對於愛情，其只能當個接受者，如果她想鼓起勇氣追求異性，恐怕對方會「敬而遠之，退避三舍」，只是徒增對方困擾，換來的是一場無言的結局罷了。如果她感到灰心或沮喪，想退出愛情市場，大家的反應是額手稱慶，皆大歡喜。

至於條件好壞是由買方的認知所決定，我們只能說條件差的人傾向完全競爭市場，現實的社會中，如此條件差的女人很少，況且在談情說愛的過程中，雙方一般都有所保留，旁人也都抱著樂觀其成的心態，因此訊息也很難充分流通。雖然每個人對於審美觀或是條件好壞認知有差異，但是仍有客觀標準可循，例如學歷在大學畢業、年所得六十萬台幣左右、個性隨和、相貌中等的人爲中等條件以上的人，依此標準加減，超出此標準者，就是條件偏好的人，超出愈多，表示條件愈好；相反的，低於此標準者，就是條件偏差的人，落後愈多，表示條件愈差。

「醜男人」並非典型代表，有句話說：「男女談戀愛的差異，在於男人用眼睛，而女人用耳朵。」意思是說，男人較注重感官的效果，而女人比較注重心靈的感受。女人在愛情中的角色多半處於被動地位，男人處於主動地位，利用甜言蜜語讓女人無法瞭解眞相以及掌握充分訊息，因此會認爲他所提供的愛情具有唯一性，是與眾不同的，所以「美女與野獸」的故事屢見不鮮。當美女與野獸談戀愛時，美女並不知道野獸的原來面貌爲何，但是野獸的心感動她，還好野獸是王子變的。但是現實生活中，野獸是王子的機率恐怕很小；《青蛙王子》的童話故事也是異曲同工的情節；潘金蓮與武大郎，亦都說明「條件差的男人」不是完全競爭市場的代表。

缺乏信心或智慧的多數女人，所面對的愛情市場，亦偏向完全競爭市場，

但不完全符合，因爲缺乏信心，其應對的方式，消極的多，積極的少，僅能接受追求者所認定的價值，自己也不知道自己的眞正價值爲何。如果不認同對方，愛情自然擦肩而過，無法找到配對的歸宿。缺乏智慧、但是有信心的女人，容易流於驕縱，男人更不會認同她；沒智慧又沒信心的女人，生活是沒有安全感且茫然的，更不知自己或對方的價值。

什麼樣的女人是有智慧的女人？一言以蔽之，懂得如何「睜一隻眼、閉一隻眼」的女人，就是有智慧的女人。有智慧的人一定是聰明人，但聰明人不一定是有智慧的人；聰明人代表智商高，有智慧的人代表處世圓融。光是智商高不代表能圓融處世，掌握睜眼與閉眼的分寸才是高難度的處世態度。

獨占市場

對於個人的家庭背景與外貌，生來就不平等，有的人長得帥或美麗，有的人長得醜；有的人出生在富貴之家，有的人出生在貧窮之家。天賦的條件對你所處的市場爲何，固然有影響，但是自己的努力是不可或缺的，獨占的愛情市場其特性如下：

一、在獨占的愛情市場裡，每個供給者所提供的愛情，對接受者而言，都是不同的；市場無充分流通的訊息，所以那些對你有意思的人，無法從各種管道瞭解你的資料，甚至比較，只能接受你所定的價格，因此個人是「價格的決定者」，以自己最大的效用與利益爲出發點，再決定該與誰談戀愛、與誰結婚。

二、參與者具不完全移動性，即進入市場有障礙。當你喜歡某人，你必須符合對方所設定的標準，否則追求通常無效；相對的，當別人追求你時，你也預設門檻，達不到你的標準，你便沒有意願與他交往。

由以上的特性發現，處於這類市場的人似乎讓人感覺比較現實，有句台灣俚語「龍配龍，鳳配鳳，駝背的配傻瓜」，更難聽的如「什麼人玩什麼鳥」，都反映出務實是人性的一面，因此哪怕有太現實的爭議，也應該被諒解，除非有妨礙他人的事實。「有智慧與自信的帥哥或美女」就是愛情市場的獨占者，尤其是「美女」，是獨占者的典型代表，由於一般人的偏好，帥哥或美女永遠是市場領導者，追求者多，其愛情供給可能是一對多，為符合自己最大效用與利益的前提，對於追求者會採取「差別訂價」或「統一訂價」策略。

所謂「差別訂價」是指帥哥或美女針對不同的追求者，訂出不同的追求條件，以達到充分剝削每一位追求者，而使其利益最大，尤其追求者條件相當時，剝削情形最為嚴重，但是被追求者並不認為慎選對象的各種因應措施是對

追求者的剝削，且一般人也認爲終身大事應謹愼行爲，所以被追求者剝削追求者，理由是很正當的。例如甲乙兩人同時喜歡丙，甲乙兩人相貌相當，但各有才藝，甲會彈吉他，乙會畫圖，交往初期，是甲乙兩位追求者被剝削最嚴重的時候，因爲兩人各有千秋，丙一時難以決定，基於滿足自己最大利益的前提下，通常此時的說辭是「爲將來幸福著想」，必然會再針對兩人加以觀察，此時甲或乙爲取得丙好感，各自使出渾身解數，甲會彈吉他唱歌給丙聽，乙會畫最好的圖給丙，因此丙可以同時享受甲與乙所提供的才藝，但因才藝不同，評斷困難，所以不同的標準隨感覺產生，在不想貿然失去任一位的考量因素下，如果丙夠理性，只要花落誰家未定，觀察期愈長，甲乙角逐賽愈長，丙的利益愈大。

所謂「統一訂價」是指帥哥或美女針對不同的追求者，以其最大利益考量，訂出相同的追求條件，例如某美女訂出其追求者條件，應符合年收入至少一百萬台幣、學歷碩士、身高一百七十五公分……等，否則不予考慮，而此標準僅適用各種條件絕對較佳者，企圖將條件差者排除於外，以保障其利益的達成。被追求者心中主觀認爲追求者的學經歷、相貌、人品及經濟狀況應符合某種水準以上，不符合者應知難而退。

以絕對條件限制追求者，似乎太過現實，但是站在被追求者的立場來看，因爲其條件好，追求的人必然多，如何與眾多的追求者應對，對被追求者而言，亦是相當困擾，所以必須先行過濾。

有位女性朋友，姿色良好，常聽她開玩笑地說：「老是一堆蚊子蒼蠅圍繞，趕得很辛苦！」雖然她的話太輕蔑追求者，倒也道出她的難處。這些玩笑話如果被處於完全競爭市場的女性聽到，恐怕她們會覺得獨占市場的女性，眞是「得了便宜還賣乖」！

條件的差異是存在的事實，天賦的不平等不應該造成你自卑或是驕傲的藉口，「往者已矣，來者可追」，秉持樂觀的態度去面對，檢視有多少長進是來自於自己的努力，這才是最踏實的。

寡占市場

完全競爭或獨占的愛情市場是兩種極端，對於多數人而言，寡占的愛情市場似乎較爲貼切，其特性如下：

一、在寡占的愛情市場裡，每個人所提供的愛情，對接受者而言，可能相同，也可能不同；市場無充分流通的訊息，只有一些片段的消息，所以那些對你有意思的人，所得到的消息是不完全的。因爲有人可能提供與你相同的愛情，所以當你促銷愛情時，別人也會促銷他的愛情，由於接受者所擁有的訊息，不足以判斷孰好孰壞，所以愛情提供者彼此間的競爭就顯得激烈。

二、參與者具不完全移動性，即進入市場有障礙，因爲愛情的提供者會採取各種措施，以防止新的角逐者加入，例如散布被追求者已選擇他的不實消

息，或掌握被追求者父母的青睞等，令想加入追求者戰局的人打退堂鼓。

大多數的男子或女子所面對的愛情市場屬於寡占形態，雖然世上男女何其多，但眞正令人傾心的，寥寥無幾，又因爲自身的條件雷同，如大專畢業，相貌普通，個性隨和，因此所能提供的愛情也相似，尤其是條件中等的男性，是寡占形態的典型代表，因爲扮演追求者的角色，競爭最爲激烈，其立場就如同製造情境的生產者，必須想盡辦法推銷自己的愛情給接受的買方。由於被追求者的訊息不完全，因緣際會與時間因素考量，無法判斷追求者的眞正價格，因此當被追求者的條件屬獨占市場時，會以自身的價格衡量追求者；當被追求者的條件屬完全競爭市場時，會接受追求者訂的價格。

在競爭激烈的情形下，這些追求者爲取得芳心，會採取許多策略，尤其是掌握對手的動態，更是制勝的關鍵。感情的事，很難有君子之爭，個性單純者，只想著靠自己的眞誠打動對方，不管對手採取何種方法，這是不符合「男人不壞，女人不愛」的教戰守則；而老練者則利用各種方法打探對手的相貌、

學經歷及家世，甚至是被追求者的家庭背景，也都瞭若指掌，依此再擬訂獵豔對策，以追求成功，命中機率比單純者大許多，甚至發生橫刀奪愛的情形。

在日常生活中，如果你知道自己喜歡的人已有其他人追求，你會加入戰局嗎？在對方還未決定前，你可以加入，如果對方已有固定對象，希望你不要主動介入當第三者，也許你的條件很好，足以給對方幸福，但是均衡被打破時，原本均衡的兩人變成不均衡，問題開始產生，療傷止痛的成本發生，這是本來不必要的，別以爲你是「救世主」，因爲你所準備建立的均衡可能是無法收斂的，即新的均衡難達成，因爲投向你懷抱的人，可能對舊情人存有愧疚感，更需要時間平復，《射鵰英雄傳》中的楊康母親包惜弱就是最佳例子，完顏洪烈貴爲金國六王爺，其認爲包氏應會羨慕榮華而忘記楊鐵心，遂將她接回金國，費盡各種心思，甚至不納任何妻妾，但是包氏仍鍾情於她的「鐵哥」（包氏對楊鐵心的暱稱），最後以殉情收場，六王爺也只能遺憾地面對現實，這就是打破原來均衡，而新的均衡無法收斂，變成無解。

現代人對於忠孝節義的觀念可能不如古代強烈，多數人也許會認爲包氏與自己過不去，但這就是愛情的奇妙，也是最令人感動的所在，「至死不渝」的愛情將永遠被歌頌。

經濟櫥窗

·完全競爭市場的特性：

一、買賣雙方人數眾多，每個人或廠商皆無法透過個別的需求或供給，來影響整個市場的價格，因此個人只是「價格的接受者」，而不是「價格的決定者」。

二、市場參與者有充分訊息，且完全瞭解市場情況。

三、產品是同質的，不論品質、包裝、服務等皆相同。

四、參與者具有完全移動性，即自由進出市場，沒有障礙。

・獨占市場的特性：

一、賣方僅有一人，是「價格的決定者」，先決定其最大利益的產量，再決定價格。

二、買方無充分訊息。

三、產品是異質的。

四、參與者具有不完全移動性，即進入市場有障礙。

・寡占市場的特性：

一、賣方僅少數人，賣方中至少有一人是「價格的決定者」，競爭最激烈。

二、買方無充分訊息。

三、產品是同質的，但也可能是異質。

四、參與者具有不完全移動性，即進入市場有障礙。

・差別取價是指廠商出售同質的商品，但不同的市場，訂價不同。

・統一訂價是指同質的商品，在不同的市場，廠商依其最大利潤原則下，訂定相同的價格。

第七章

催情因素

有一則故事，柏拉圖有一天問老師蘇格拉底什麼是愛情？蘇格拉底叫他到麥田走一次，要不回頭地走，在途中要摘一棵最大最好的麥穗，但只可以摘一次，柏拉圖覺得很容易，充滿信心地出去，誰知過了半天他仍沒有回去，最後，他垂頭喪氣出現在老師跟前訴說空手而回的原因：「很難得才看見一株看似不錯的，卻不知是不是最好的，因爲只可以摘一株，不得已只好放棄，再看看有沒有更好的，發現已經走到盡頭時，才驚覺手上一棵麥穗也沒有。」這時，蘇格拉底告訴他：「那就是愛情。」

這則故事將愛情的過程描述得相當貼切，青春一去不回頭，如何把握有限的青春，談一段刻骨銘心的愛情，甚至步上紅毯，維繫雙方感情的因素，是值得探討的。

催情因素是指戀愛過程中維繫雙方的因素，大體上可以分爲兩類：殷勤程度與經濟條件。殷勤程度常是男女雙方用來判定對方關心自己與否的重要指標，俗話說：「烈女怕纏夫」、「情海無涯，唯勤是岸」，都說明殷勤者較容易

獲得青睞；「愛情與麵包」孰重孰輕呢？毋庸置疑，理性者必然認為麵包重要，因此男女雙方的經濟條件，亦是考量的重要因素，尤其是男方肩負著傳統養家活口的責任，經濟基礎是成家不可或缺的，雖然現代女性的經濟能力不比男性差，但不代表她們對男性的經濟能力不要求。

每個人因為獨立性不同，所需的殷勤程度亦不同；生活所需不同，對經濟條件的要求亦不同，原則上愈多愈好。

殷勤程度

殷勤程度常被認為與誠意是正相關的，即追求者的殷勤程度愈高，表示愈有誠意；殷勤程度愈差，表示沒什麼誠意。對於女性而言，其立場仍屬被動居多，基本上，獻殷勤必須建立在雙方不排斥對方的前提下，才能發揮作用，男

女對於任何獻殷勤者並非照單全收，沒有好感的男子或女子所獻的殷勤反而是一種困擾，設法躲避或婉轉拒絕，以免傷及無辜；換句話說，不討厭的追求者，獻殷勤才有加分的作用。

一般獻殷勤的方式，可分爲下列幾種：

噓寒問暖

噓寒問暖是最省錢的方式，適合雙方剛開始交往或是感情穩定時，因爲它代表關心及誠意，剛開始交往，藉由每次的噓寒問暖促進雙方的瞭解；至於感情穩定的噓寒問暖，帶有宣誓意義，代表「我始終在你身邊，一如往昔」，可以利用的工具有電話、傳眞、信件、卡片或電子郵件，電話是最普遍也是最方便的，雖然看不見對方表情，但從聲音的立即回應亦能猜出幾分；其他方式對方可以置之不理。

噓寒問暖應注意自己應對的禮貌，客套在所不免，但一定要讓對方感覺到

誠意、可靠與體貼，同時表現自己的幽默，如此獻殷勤才有作用。關心對方的言語切勿表達不當，變成損及對方的言語，尤其對於女人「身材與容貌」的關心更應小心。舉例而言，李小姐臉部皮膚不好，你好意要她使用「SKII」，如果你們交情夠好，可以直截了當地推薦；如果剛認識，先不提這些敏感問題，等她對你產生信任後再提也不遲，否則，如此的關心可能會被對方視爲一種諷刺，因爲每個人對於自己的缺點都相當敏感，弄巧成拙的機會較多。

其實寫信是一種浪漫的方式，效果比電話好，但是由於現代人較忙碌，寫信似乎較耗時，電子郵件的盛行，情形可以改善許多。寄一封圖文並貌的電子情書並不難，有些肉麻話透過書信的方式就容易多了，善用電子情書，體會另一種「無聲勝有聲」的溫馨感覺，可以彌補見面或電話的不足。

送花

沒有一個女人不喜歡花，不管是「人比花嬌」或是「花比人嬌」。在女人

的眼中，花與浪漫是正相關的，而且許多女人認為自己是花的化身，懂得送花的男人，代表他知道憐香惜玉，也知道浪漫爲何物。

花可以滿足女人某些虛榮心，收到花表示自己已是「名花有主」或是「待價而沽」中，是有人要的。那種讓人感覺「存在的價值」與「被重視」的喜悅，讓送花在兩人交往中，產生相當好的潤滑作用。最好平常就送，才能創造差異的效果，節日時，送些實用的禮物，則經濟又實惠。

美食或參觀節目招待

招待對方到氣氛良好的餐廳享用美食，或是參加音樂會等知性活動，代表你懂得生活情趣，會過生活。現代的婦女，因爲經濟獨立，賺錢不比男人少，所以對於生活品質亦相當重視，尤其現在上班壓力大，下班後的休閒可以紓解壓力，因此提供下班後的良好休閒，亦是獻殷勤的加分項目。

接送上下班

當兩人感情穩定後，女方才願意讓男方接送上下班，否則在密閉的車子中有些尷尬，大部分的女性不會做此要求，通常是男方要表示自己的愛與誠意，才出此策略。對於採取接送上下班的獻殷勤方式，男方試圖讓女方養成對自己的依賴習慣，如此結婚就有譜了；對於女方而言，有一些人會認爲「不吃白不吃」，這不就是各取所需的組合嗎？許多現實問題，我們不會搬上檯面直說，如果雙方以樂觀的態度面對，知道彼此是爲對方著想的，結果應該是良性循環；但如果以負面的態度去思考，認爲對方心存不軌，結果當然不樂觀。

安排旅遊

兩人剛開始交往與感情穩定的旅遊方式是不同的，最主要差別在是否過夜。剛開始交往可以安排一日往返的郊遊踏青，最好男女方各找自己的朋友參

加，如此可以增進彼此的認識，從朋友的眼中瞭解對方的爲人處世，以及觀察對方與人互動的情形，並比較眾人團體活動與兩人相處時是否一致，透過活動的相處更自然，有了共同經驗，就可創造共同話題，有助於默契的培養。

若是兩人的感情穩定，可以安排過夜的旅遊，旅遊除了可以創造共同生活經驗，也是變換生活最簡單的方式，當兩人感情穩定後，生活容易流於習慣，缺乏新鮮感，安排一趟長程旅遊，心情會比較好，感情也會增進。

意外驚喜

對方的生日，甚至是對方父母的生日，如果能有些意外驚喜，相信如此的殷勤最能感動對方，如果能掌握對方缺什麼，再送她想要的禮物，必定事半功倍。至於意外驚喜的禮物或排場不一定要花費很多錢，但是捨得花錢，也是重視對方的表現，如果你的經濟許可，排場比禮物更容易感動人，例如你可以到有演奏的餐廳吃飯，事先與樂師溝通好，爲她表演她心愛的歌曲，再祝福她生日快樂；也可以請你的朋友們和你一起叩應到電台點撥歌曲給她，如果她錯過節目，你可以寄錄音帶給她。只要是有誠意且用心的驚喜，對方多少都會感動。

獻殷勤有點類似給對方鴉片吃，對方可能會上癮，每一次的口味可能會愈來愈重，但是遇上心怡者，不獻殷勤，機會可能就此溜走，所以「寧可失敗，也不要錯過」，一旦察覺對方對自己沒意思，應適可而止，爲雙方留些台階下，「精誠所致，金石爲開」的行爲，恐怕會帶給對方更大的困擾，弄得彼此難堪，應懸崖勒馬，爲自己留些尊嚴。

由於每個人個性不同，所需的殷勤程度也不同，獻殷勤的程度爲何呢？其實是愈多愈好，怕的是殷勤獻得不高明，令受者難堪；如此對獻殷勤者，豈不是沒完沒了？觀察每次獻殷勤的反應爲何，如果對方有理所當然的反應，即表示殷勤漸無效，邊際效用遞減，可以考慮停止。

獻殷勤者可能會納悶如何克服對方「由奢返儉難」的心理，打破「既得利

益」，這是長痛與短痛的問題，「長痛不如短痛」，況且相互尊重才是恆久的相處之道。

經濟基礎

古有明訓：「貧賤夫妻百事哀」，由此可以理解，幸福婚姻是建立在一定水準的經濟基礎之上，所有浪漫的愛情，如果沒有麵包作後盾，都只是曇花一現，爲三餐奔波的生活談不上品質，因此經濟基礎更是維繫雙方的重要因素。不是鼓勵勢利眼，而是生活原本現實，但由於個人生活所需不同，經濟條件的要求也不同，原則上是愈富有愈好，怎樣的經濟基礎才算足夠？因爲錢沒有人嫌多，應以客觀的標準判斷，以免讓人覺得太勢利，所謂客觀的標準是指一般市場行情，以本薪所得計算，有些公司可能有股票分紅，但股票分紅也得公司

有賺錢，因此以保守的原則，先不考慮。

一般市場行情很容易獲得，上青輔會求才網站，察看各行業求職人才的薪資要求，再考慮合理的調薪，即可換算出年所得資料。當兩人交往初期，家境好壞通常不是重點，但又不能不考慮經濟狀況，直接問太唐突，因此如果能估算出所得爲何，至少心裡有底。

當兩人交往一段時間後，對彼此有一定程度瞭解，如果打算要結婚，對於未來的理財方式與生活所需應仔細規劃，以免造成日後衝突的來源，雖然談錢有些現實，但這是必要的現實，還是要算一算。

訂婚

當兩人交往有了結果，決定攜手共度人生，首先必須共同面對的金錢問題，從訂婚正式開始，男方要準備大聘與小聘，所謂小聘是指小額現金、喜餅及女方首飾等六樣禮，大聘是指送聘金到女方家訂親，以確定這門親事。目前

許多女方家長仍收取大小聘金，作爲出嫁女兒的私房錢，但因時代進步，避免讓人有賣女兒之嫌，開明的父母均不收大聘，也沒有嫁妝，僅收下小聘。

根據本人對親朋好友與同事的調查，媒人紅包以新台幣六千元最普遍，如果是現成媒人，新台幣三千六百元紅包即可。大聘的金額從新台幣二十萬元起，小聘的首飾與喜餅的花費從新台幣十萬元起，大部分人的小聘總額約在新台幣十五至二十萬元，其中喜餅花費以一百盒估計，因此喜餅分送多寡，及其價格對小聘金額影響較大。由於首飾主要給女方配戴，現代人較務實，保留現金周轉比購買首飾實惠，因此一般人花在首飾的金額以十萬元上下爲主。

訂婚的另一項開銷是婚紗攝影，以四十組爲基準的婚紗攝影與禮服租借，大台北地區平均花費約新台幣四至五萬元，其他地區約新台幣三萬元。

由以上得知，訂婚所需要的最少花費約新台幣三十萬元。

宴客

宴客的禮金收入是新人籌蜜月旅行經費的額外財源，因此慎選宴客地點，說不定有意外結餘，以現在包禮金的習慣，五星級飯店單人出席禮金爲新台幣二千元以上，三星或四星級飯店以及其他餐廳禮金至少爲新台幣一千六百元。五星級飯店酒席起價至少每桌新台幣一萬五千元，不含酒水費，因此如果考慮酒水費用，每桌可能花費新台幣二萬元以上，每桌坐十人，如果是「全家總動員」，這桌就無法打平成本，所以選擇在五星級飯店結婚者，恐怕要另外準備蜜月基金；不過，話說回來，既然在五星級飯店宴客，排場是優先考量，應不在意是否有額外結餘。

三星或四星級飯店的酒席費用每桌大約在新台幣一萬至一萬五千元，以上述的禮金水準，每桌平均可以結餘約新台幣五千元，男女方親友約二十桌，因此共可結餘約新台幣十萬元，做爲蜜月基金。

如果宴客地點在台北市以外，酒席費用每桌大約在新台幣一萬元以內，菜單就相當體面了，每包禮金最少新台幣一千六百元，因此每桌平均可以結餘約新台幣八千元，二十桌酒席共可結餘約新台幣十六萬元。

宴客是希望親朋好友為新人見證與祝福，而不是以營利為目的，因此宴客地點的選擇應考慮便利性、實惠與隆重大方，當然如果能兼具前述優點又能小賺一筆，那眞是皆大歡喜。

度蜜月

蜜月旅行安排，大多數人會選擇參加旅行社的團體較方便，台灣的勞基法規定婚假有八天，因此蜜月旅行天數也以八至十天最普遍，美國、加拿大或紐澳行程較合適，如果到歐洲，最少應十天以上；日本或東南亞因距離較近，七天之內即可。

美國線團費每人約新台幣三萬元，加拿大團費每人約新台幣三至四萬元，

紐澳團費每人約新台幣四萬元，因此兩人的旅費估計約新台幣十萬元，如果選擇歐洲線，兩人的旅費估計約新台幣十五萬元。

累計以上的花費，結婚這件事至少需要新台幣三十萬元以上，準備新台幣五十萬元應該足夠完成終身大事。

買房子

有些人是婚前就買房子，因爲產權清楚，不管男方或女方，貸款一般都是房屋所有權人繳納。如果決定婚後共同買房子，應先衡量彼此的經濟能力，三十坪的新房屋加上簡單家具與裝潢，台中或高雄地區可能需要準備新台幣五百萬元，台北縣板橋、永和或三重地區需要準備新台幣七百萬元，台北市則需要準備新台幣九百萬元以上。

買房子的貸款負擔雖重，但是多數人仍願意購買，因爲租房子的安全感較差，房東可能會收回，格局無法任意改變，儘管目前每年租金水準僅有房價的

百分之三至百分之四，也就是說，如果你有五百萬元存款，定存利率一年期約爲百分之六，每年可以收到利息三十萬元，用來支付房租十五至二十萬元後，還有結餘十萬元以上；但是如果你用五百萬元買房子，不用支付租金，可是也沒有結餘，唯一的機會是房屋增值。房價在歷經民國七十七至八十一年的飆漲後，目前已無投資價值，除自住外，投資理財應尋求其他管道。

如果有父母奧援，買房子的負擔會較輕，否則僅靠小兩口的薪資收入，應謹愼評估何時購屋，避免因沉重貸款讓生活更沒品質，果眞至此，與原本希望擁有安全感違背，換來的是更大的壓力與不安全感，可說是得不償失。

理財

有句話說：「你不理財，財不理你」，也有人說：「小富由儉，大富由天」，由此可以得知，適當的儲蓄加上妥善的理財，是奠定經濟基礎的不二法門。組成一個家庭有其必要的開銷，結合兩人的力量，共同分攤固定成本，可以省下的積蓄應該比單身時多。

既然要共同理財，取得雙方的共識是減少衝突的根本，透過平日的溝通，瞭解彼此的金錢觀，在婚前雙方都應該心裡有底，否則哪些錢該花？哪些錢不該花？都可能是爭吵的問題。千萬不要以爲談「錢」太勢利，先小人後君子的規則，是爲了更和平的將來，彼此都應坦然面對，不應該有不受尊重的感覺。

生活費

現在的夫妻都是雙薪家庭，大部分的人都必須繳房屋貸款，所以生活費的開銷模式，通常是名下登記有房屋者爲主要繳貸款者，另一人則負責日常家用開銷。生活費名目主要有水、電、瓦斯、電話、有線電視、交通與三餐等，平均每個人要花費新台幣一萬二千元左右，如果是開車族，每輛車包括停車費、稅金與維修每月要花費平均新台幣一萬元。

由以上分析，建議剛踏入社會的年輕人，別急著買車，因爲車子的花費占

薪資比例太高，再加上生活費，所剩無幾，很難累積存款，更遑論投資理財，所以一個社會新鮮人，如果沒有長輩的庇蔭，先採取搭公車或騎機車上班方式，外地上班者先租房子住，累積一筆資金後再用於投資，錢滾錢的成效較快，有了足夠的錢再買車子與房子，否則先買房子或車子會使得你的資金凍結，淪爲屋奴後，想要利用錢滾錢就困難多了。

教育費

小孩子出生後，雙薪家庭的夫婦必須聘請保母代爲育嬰，另一種情形是太太親自帶小孩，但是大部分人有房貸壓力，必須維持雙薪才能滿足開銷，保母費的行情分全天與白天兩種，全天的保母費每月爲新台幣二萬元至二萬五千元，僅白天的保母費爲新台幣一萬五元千元至二萬元，另年終獎金一至二個月，因此一個小孩上幼稚園前，每年平均花費約新台幣三十萬元。

上托兒所與幼稚園的費用，基本開銷每人每月約新台幣一萬四千元，每個小學生的學雜費、零用錢與上才藝班費用，基本開銷每人每月約新台幣八千元，每個國中生的學雜費、生活費及補習費，基本開銷每人每月約新台幣一萬元，高中生以下以住在家裡為主，暫不考慮在外居住費用，每個高中生的學雜費、生活費及補習費，基本開銷每人每月約新台幣一萬二千元，每個大學生的學雜費、住校或校外租房子及生活費，基本開銷每人每月約新台幣一萬七千元至二萬元，四年共須花費新台幣八十至九十六萬元。

養一個小孩，供應他讀到大學畢業，假設一至三歲由保母帶，保母費加雜費，三年花了新台幣九十萬元，幼稚園三年共花費新台幣五十萬元，小學六年共花費新台幣六十萬元，國中三年共花費新台幣三十六萬元，高中三年共花費新台幣四十五萬元，大學四年共花費新台幣八十至九十六萬元，總共至少花費約新台幣三百六十萬元，此乃以公立學校為原則的計算標準，讀書過程順利，沒有重考或留級情形，且不包括各項讀書以外之雜支（如買電腦、教材設備……），如果是讀私立學校，費用可能要增為一．五至二倍，若還有其他狀況產

生，總費用就必須往上調整。

養老金

養老金的多寡應以不增加兒女的負擔爲原則，在滿足養老所需之餘，再做遺產打算，如此，假設你有一份穩定的工作，退休後的養老金應該足夠；如果你打算爲兒女多留些遺產，再多的錢也不足。佛家有一種說法，最有福報的人是「在死的時候，把自己所賺的錢都花光」，不管你相不相信，到此年紀應是自由自在，不應再爲錢傷腦筋。

看了以上的各種費用後，你是不是更覺得經濟基礎的重要性，希望你不會因此變得更現實或是倍感壓力。「錢不是萬能，但沒錢萬萬不能！」以滿足基本生活所需爲前提，適度地節制自己的物質慾望，生活仍可以愉快地過，切忌一味追求財富，如果因此而破壞家庭和諧，甚至「勞燕分飛」，那就更不値得了。

經濟櫥窗

・生產因素市場的均衡，表示因素的購買者與銷售者雙方都得到最大滿足的購買或銷售量與價格，其均衡條件爲邊際因素成本（MFC）等於邊際生產收益（MRP）。

第八章

均衡的愛情

常聽到那些在愛情門外徘徊的人在感歎：「每次都是你喜歡別人，別人不喜歡你；喜歡你的，你不喜歡他。」這其中的主要問題，是找不到愛情的均衡點，對於正要上路的新手，外在條件的均衡比內在的互動均衡更重要，找不到對象，根本談不上互動的均衡。愛情的均衡可以分為兩種，一種是自身的均衡，另一種是男女關係的均衡。前面第三章所討論的是前者，本章的均衡理論是針對男女關係的各種互動情形，就內在與外在的均衡條件，更進一步分析。

互動的均衡

對於現代人而言，經濟的繁榮似乎並未替兩性關係帶來更大的福音，反而是經濟能力的獨立，使女人不再弱勢，互相依賴的必要性降低，因此離婚已是司空見慣，無怨無悔的愛情幾乎不再，所以尋求均衡的愛情，雙方互相尊重，

才是婚姻的保障。至於什麼樣的對待才是均衡的互動？在兩人相處的行爲模式中，對付出者而言，可以用「付出」與「容忍」的程度作爲互動的對價，也就是當你喜歡一個人時，自然會爲他付出、包容他的缺失及抑制自己的放縱，這就是愛情互動中應給付的代價；對接受者而言，可以用「獲得」與「埋怨」的程度作爲互動的對價，也就是得到對方付出的關心或誠意，如果認爲得到的太少，就會產生埋怨。

一對情侶或夫妻如果能無限制地付出與容忍，那麼離異的情形就不會產生，但是時間與體力是有限的，不可能無限制地付出與容忍，由此看來，愛情是有盡頭的，不過因爲人們會有良知與是非觀，會自動調整彼此的互動，達到某種程度的均衡，使得「愛情的盡頭」不容易到達，究竟此均衡的條件爲何？

男女之間的愛情或婚姻並不適合用「施恩不望回報」來形容，這樣的境界與修爲，恐怕許多人一輩子也無法領悟，因爲婚姻與愛情都具有唯一與特別性。在滿足這樣的前提下，一個人所能承受的壓力或容忍是有限的，例如結婚

後，夫妻有同居之義務，任一方都不能隨意違背該原則，如果一方隨意長期在外居住，這樣的夫妻關係並不正常，一般人都不會忍受這種情形。因此付出與容忍是相互抵換的關係，每增加一分的付出，容忍度就減一些，因爲每增一分的付出，總會期待對方的回應，內心的空間被期待的心情占一分，自然容忍的空間會減一分，所以當一個人無限付出的結果，另一面的反射是等待放棄對方；相反的，每減少一分的付出，容忍度就增一些，因爲少付出的愧疚心，使得包容力增加。實際上並無法正確衡量付出與容忍的量的多寡，只是在理性者的內心感覺呈現如此的關係。

在你周遭的朋友中，一定有女方在付出感情後，埋怨男友都不關心她，這表示男友眞的沒有回饋給女方關心，或是回饋的比較少，女方覺得不足，如果按照「施恩不望回報」的道理看來，女方應該不會有埋怨，而是會容忍才對，既然女方有所埋怨，表示情況已將超出容忍範圍，如果男友仍無動於衷，感情危機可能就此產生，這意味著女方在無法容忍下，將放棄這段感情。

獲得與埋怨是相互抵換的關係，每增加一分的獲得，埋怨就減一些，因為每增一分的獲得，感恩的心多占一分，埋怨的空間會減一分；相反的，每減少一分的獲得，埋怨就增一些。如果前述男友在接到女方的埋怨後，積極付出給女方關心與溫馨，女方獲得此回饋後，埋怨可能會減少，彼此的關係可以改善，愛情自然可以繼續下去。

任何一人在互動中所扮演的角色可能是付出者，也可能是獲得者，當你扮演付出者時，另一半是獲得者；當你扮演獲得者時，另一半是付出者。兩人的互動會一直進行到付出者與獲得者的邊際抵換率相等，即是互動的均衡。如果兩人相處，互動無法均衡，長期的互動失衡是導致摩擦的根源。所謂邊際抵換率是指每增加一分的付出，所減少的容忍程度，或是指每增加一分的獲得，所減少的埋怨程度，以數學式表示如下：

$$\frac{\text{減少的容忍程度}}{\text{每增加一分的付出}} = \frac{\text{減少的埋怨程度}}{\text{每增加一分的獲得}}$$

在互動的過程中，愛的傳遞會有流失的情形，因爲雙方的默契、溝通可能不夠，因而產生誤解或無法領悟，但這應該是短暫的情形，每一段的愛情，如果願意用心去經營，相信你的付出對方都能夠瞭解，而且能夠感受得到。

外在條件的均衡

外在條件是給人的第一印象，主要可以用「外貌」與「經濟能力」衡量，外貌可以一眼看出，但經濟能力則必須相處後才能眞正瞭解，究竟經濟基礎是來自父母的餘蔭，還是自己努力的結果，其評價是不同的。經濟能力是因爲自

己努力的男性，一般被認爲比較有責任感，較受到青睞；經濟基礎是來自父母餘蔭的男性，責任感較輕。每個人都希望自己的另一半是外貌佳，經濟能力也好，但這終究是少數，如果以外貌爲縱軸，經濟能力爲橫軸，以常態分布而言，大部分人的外在條件應落在下圖中圓圈的範圍，也就是外貌中等、經濟能力中等，其實這部分人是均衡的一群，比較容易配對成功，至於其他部分的均衡，分爲四類，說明如下：

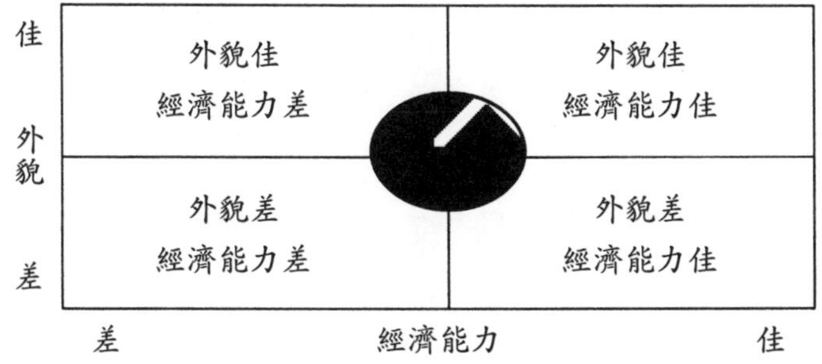

外貌差、經濟能力差者

理論上這類人是失衡的，既沒人才，也沒錢財，應該要遠離愛情，但是很多案例卻與事實相反，正因爲要求不多，配合意願高，所抱持的心態是「出外人，塡個肚子，不會餓就好了」，因此擁有愛情的機會反而比第二或第三類人大，產生了「失衡下的均衡」；落後國家生小孩的數目如果基於教養與經濟能力考量，應該較少，但往往更多，除了大家常聽見的說法：「沒什麼活動，早早就上床睡覺」以外，因爲「愛情使人富有，是一種寄託」，只要互相扶持，哪怕生活困苦，所謂「有錢沒錢討個老婆好過年」，也是如此的情形。

外貌差、經濟能力佳者

這類人是次佳解，你要找的對象是可以享受經濟能力所帶來的安全與穩定感覺等於其忍受外貌不佳的遺憾感覺的人，如此均衡解就產生了。彷彿會欣賞

這類人的對象比較現實，雖然有可能，但應該說比較理性與務實，外貌終會老化，只是短暫，就長遠來看，是可以忽略；經濟能力是現實的問題，必須隨時面對。

這類人之所以不容易找到解的矛盾，在於其希望欣賞他的人不是看重其經濟能力好的因素，可是，除了經濟的優勢外，他／她還有哪些別人看得見又可以媲美經濟能力的優點？有錢人就怕別人說他是「土財主」。其實外貌差，不代表沒氣質或內涵，有錢也不是壞事，善用錢財，更能造福社會，而找對象原本就應該讓對方知道自己好在哪裡。

以目前社會的形態而言，外貌差、經濟能力佳的男性比女性更容易有解，因爲男女有別，「男人重感官，女人重心靈」，這句話說明男人選擇對象仍重視外貌，女人則比較重視內在，再加上傳統對於男性的要求，男人必須負擔家計，因此經濟能力遠比外貌重要。

外貌佳、經濟能力差者

第二類與第三類結合，應是最佳的互補拍檔，而事實上這類人的選擇對象，至少其外貌與經濟能力會在中等以上，因爲在年輕時的交往，外貌常被列爲優先考量因素，所以其選擇的結果通常整體條件比第二類好。選擇這類人的均衡條件是其美貌所帶來的虛榮與浪漫感覺應等於忍受經濟能力差的遺憾感覺，如此才能找到解。

這類人的矛盾在於希望欣賞他／她的人不是看重其外貌好的因素，否則他／她會覺得欣賞他／她的人膚淺，怎麼沒有發現他／她的內涵？另一種困擾是因爲經濟能力差，卻不敢找有錢人，怕別人說他／她是「花瓶」。從心理學的角度來看，外貌佳、經濟能力差的人自尊心較強，內心的感情會談得較辛苦，但外人不一定能理解。

至於外貌佳、經濟能力差的女性比男性更容易有解，傳統對於女性的要

求，持家比養家活口重要，如果不考慮個性因素，從前述的說明，男人較重視外貌，對女性而言，外貌佳應比經濟能力來得重要，「麻雀變鳳凰」是很有可能的。

外貌佳、經濟能力佳者

這類人是大家的最佳解，必定是「僧多粥少」，如果你是這類人，應該多布施，因爲你已經很難找到比你更好條件的人，試著體會「水往低處流」的情操，雖然你有很多的選擇，切勿玩弄感情，遊戲人間，給予別人與自己公平的機會，才不枉費天賦的恩德。

經濟櫥窗

・生產與交易的均衡同時達到的條件爲：兩產品的邊際替代率等於其邊際轉換率，即

$$MRS^{A}_{XY} = MRS^{B}_{XY} = MRT_{XY}$$

第九章

愛情所得

蘇格拉底是個偉大的哲學家，卻娶了一個兇老婆，因此有人就樂觀地說：不用擔心是否會娶到壞老婆，大不了，還可以成爲一位偉大的哲學家。這件事給了我們許多勇氣去面對婚姻，婚姻其實沒什麼可怕的，往樂觀的方向著想，風險不大。談情說愛的互動結果是結婚組成家庭，也是男女雙方確保永久相守的保障；而孩子是談情說愛的最終產品，所以談情說愛所產生的互動與最終產品的價值總計，就是愛情所得。

實際的愛情所得應該不僅只是家庭與孩子，因爲有些所得屬於心智或內在感受的成長，難以客觀衡量，但是對於人生的領悟是有相當大的幫助，有句話說：「養兒方知父母恩」，就是最佳寫照。

組成家庭

當兩人決定要組成家庭共度一生，在考量外在與內在條件後，其互動的價值必定為正，能夠滿足當事人的效用，所謂互動的價值是一種主觀認知的評估結果，例如「與他在一起很快樂、很有安全感」、「他對我很好」。雖然這種主觀的評估結果類似各種美好感覺的彙整結論，但期間仍有一段相當謹慎的觀察過程，以確定彼此是合適的。如果僅因為年齡到了，或是想找個人依靠的原因，而組成家庭，這樣的理由並不意味互動價值為正，因為結婚的動機有些迫於現實的無奈，負面的觀念更可能埋下不幸福的因子。

經濟學所討論的重點，在於資源的最佳配置，並避免資源誤置，動機不正的婚姻，價值已被扭曲，資源誤置的情形已經發生，如果控制不當，問題自然

發生，不穩固的根基，如何蓋大樓？許多人格特質可以明顯辨別不適合結婚，例如個性暴戾或乖張者、酷愛完全自由者等，這些人如果結婚，其配偶心裡必定早有準備，以下幾種特質的人，是屬於隱性不適合組成家庭者，當然不表示不能結婚，只是不幸福的機率較大，但就其個人而言，通常並不認爲自己不適合婚姻。

貧窮的大男人主義者

大男人主義較常表現在一九七〇年以前出生的男性身上，因爲當時的社會與家庭環境仍是重男輕女，許多男性在成長的過程中耳濡目染，自然也認爲大男人作風是理所當然，因此希望現代的女性們，對於在此以前出生的男性，應多加體諒其「歷史包袱」，須知個性是很難在短時間內更改，寬容的教育應有助於導正其大男人的作風。

一九七〇年以後女權逐漸平反，一般人也頗能接受男女平等的觀念，因此

女人在各階層中嶄露頭角，尤其在取得經濟獨立後，不再仰賴男人，所以大男人主義者被職業婦女視爲敵人，因爲兩人同樣上班，爲何家事全落在女性身上？女性之所以生氣的原因，在於兩人的互動中，彼此的地位是不平衡的，男人並沒有讓女人心服，尤其是貧窮的大男人主義者，可能錢賺得不多，負擔家計的責任有一大半是由老婆分擔，彼此間常處於不平衡狀態，問題自然多，爭吵亦難免，充滿爭吵的婚姻，沒有幸福可言；但是如果是成功的大男人，有錢有地位，這種大男人的婚姻，仍然有幸福，只要花錢聘請傭人，將傳統小婦人該做的事全部留給傭人，老婆全力扮演好貴夫人即可，這樣的組合也是可以很幸福美滿的。

請不起傭人的窮大男人們，想結婚就得趕快調整心態與行動，黃臉婆是現代婦女所痛恨扮演的角色。根據一項調查，都會地區的適齡未婚女性較男性人數多，且離婚率也逐年攀升中，主要原因是女性的經濟獨立、工作表現比以前好，對於男性的依賴日益降低。

小鳥依人的弱女子

大部分的女人都希望找個像父親一樣疼愛與呵護自己的對象，這固然是很重要的因素，但絕不是你選擇婚姻的唯一考量。如果希望藉由結婚找到依靠與被呵護的女性，恐怕踏入婚姻後，失望的機會較多，因爲人的耐性與時間是有限度的，另一半很難當一輩子的靠山，長期失衡的互動終將因無法再忍受而崩潰。況且，每個人都要面對自己長大成熟的一天，不可能一直被呵護；再者，除非不孕或不生小孩，否則婚後的幾年便可能會懷孕，如果控制不當，甚至不到一年就懷孕了，懷孕的過程讓母親與孩子的感情更爲緊密，如果忘了自己已爲人母，而內心仍期待被呵護，不僅自己內心不愉快，得不到滿足的情緒也會逐漸淹沒平靜與和諧的生活，問題自然源源不絕。

以整個婚姻過程而言，除非不想有孩子，否則爲人母的時間幾乎占據婚後所有時間，照顧孩子是責無旁貸的，結婚以後就應該表現出成熟的心態，照顧孩子是何等艱鉅的任務，就算先生幫忙，母親的責任仍無法免除，所以想要幸福的婚姻，就必須調整自己的心態，成熟地與另一半互動，而不要沉溺於被呵護的情結。如果你與小孩都希望先生的呵護與照顧，加上工作壓力，先生恐怕會難以招架，性子再好的人都無法長期負荷如此不平衡的關係。

不想要小孩的人

除了不孕的原因以外，正常的婚姻都應該要有小孩，如果你想結婚卻不想要有小孩，可能你的成熟度有問題，不想要小孩的原因大致上是經濟不允許、自己無法照顧或希望享受兩人世界。

經濟因素是短期的，如果長期都養不起小孩，恐怕生活品質也難兼顧，這樣的婚姻也是一輩子辛苦，沒有品質的婚姻，哪來幸福可言；至於自己無法照顧或希望享受兩人世界的原因，可能忽略「物極必反」的道理，兩人相處久了，新鮮感會逐漸消失，你想過當兩人相處多久以後，無聊的感覺會開始產

生？談戀愛時的生活因為並不是完全生活在一起，因此在一起時都是雙方最好的時刻；但是結婚後，彼此的一切好與不好完全無所遁形，很快就會回到現實，蜜月期結束後，如果沒有為生活再添一些動力，生活容易變得無趣，緊接著就是問題發生的開始。再者，不想要小孩的人，其潛在的心理反映出不想照顧別人，如此，可能連自己都照顧不好，更不用談彼此照顧，這樣的婚姻怎麼可能會長久持續幸福呢？

孩子

孩子是愛情的結晶，在佛家因果輪迴之說：孩子不是來報恩，就是來討債的。「養兒防老」的觀念已逐漸被時代淘汰，從這樣的情形推論，現代的孩子多半是來討債的，經濟的富裕讓許多父母反而成為名副其實的「孝」子，拚命

賺錢的目的是希望多留些財產給孩子，所以孩子在家庭中的角色，現代與以前截然不同。孩子在婚姻中所扮演的角色可歸納爲下列幾種：

潤滑劑

當新婚夫妻度過甜蜜的兩人世界後，日子終會回到平淡，因此需要不斷地注入新事物，持續活絡婚姻生活，孩子的誕生，通常是爲婚姻生活注入另一股動力的泉源，因爲孩子擁有雙方的遺傳，結合許多彼此的特徵，爲了讓孩子過好日子，夫妻的凝聚力更大，家庭的向心力更強；因爲孩子，讓生活更增添不少的樂趣與共同努力的目標。

負責任的表徵

奉「子女」之命結婚的情形，就是因爲孩子的來臨，而表現出負責任的行爲，這是一種最典型的例子；許多貌合神離的夫妻，爲了避免離婚對孩子的心

靈造成衝擊，只好勉強維持婚姻，但是只要婚姻關係存在，再加上孩子的因素，婚姻仍可能走下去，如果雙方有意願，說不定能重修舊好。

我有兩位同學的婚姻有些奇怪，因爲婚後兩人平日並不住在一起，女方堅持住台北，男方住新竹，假日女方才回夫家，孩子由女方家裡帶，據同學表示，通常是爲了小孩問題才會想要與對方聯絡，否則平日也沒什麼意願聊天。我問他們感情是否不睦，但他們表示沒問題，按常理推想，沒有問題才怪！有時候，我納悶婚姻的意義是否也隨著時代在改變，從他們的互動中，似乎因爲孩子的關係，婚姻才繼續，許多結婚多年的夫妻，也有此感慨，因爲孩子讓想離婚的心頓時冷靜下來，爲了孩子，還是忍一忍。

精神寄託

當一方對另一方感到失望時，通常將未來的希望全部放在孩子身上，此時孩子就成爲失望者的精神寄託，這種情形以母親扮演失望者的機率較高，可能是因為懷胎十月的過程，母子連心，母親與孩子的關係比父親與孩子的關係更親密，對於孩子的責任心較重；也可能是因為男方有了外遇或不長進，不值得信賴。養育小孩子要花很多心力，把心力專注於小孩身上後，所剩的空間無幾，也就沒什麼精神去挑剔對方的不是，如果對另一半不滿意，專心教育小孩，倒不失為解決婚姻危機的好方法。

另一種將小孩當為精神寄託的代表是公教人員，公教人員因工作穩定，未來的發展性可以大約估計，因此公教人員比較有時間教小孩，甚至有些人覺得自己當一輩子公務員，發展不過如此，便冀望小孩能更有出息。所以我們可以發現公教人員的小孩，似乎大都比其他各行業養得好。

傳宗接代

有句話說：「不孝有三，無後為大」，意思是說不孝的情形有三種，以沒有子孫傳宗接代者為不孝之首。時代雖然進步，無疑的，傳宗接代仍是生子的

重要原因之一，至少對許多長輩而言，對祖先有所交代乃是中國人根深柢固的傳家哲學，不奢望子孫光耀門楣，但也不能無後。

經濟櫥窗

・國民所得是指在一定期間內全國所生產的最終產品與勞務價值總和，而最終產品指不再加工或不再轉讓的物品。目前我國衡量國民所得的方式爲國內生產毛額（GDP），以數學式表示如下：

國內生產毛額（GDP）＝消費（C）＋投資（I）＋政府支出（G）

＋淨出口（X-M）－國外要素所得淨額

第十章

消費與儲蓄

依照人的心理基本法則：消費會隨著所得的增加而增加，消費的剩餘即是儲蓄。消費商品是一種享受的過程，但是消費人生應該是犧牲與享受的結合，因為人生是一齣悲喜交集的戲。婚姻生活是一種兩個人共同消費一段人生的過程，每個人可以選擇不同的方式消費這段人生，甚至有人選擇不婚度過人生，不論選擇為何，生活態度因人而異，有的人希望天長地久，有的人只要曾經擁有即可，依照個人的觀念不同，所採取的消費哲學也有所差別。

絕對消費理論

不知道你是否有想過你的壽命有多長？一個壽命一百歲和七十歲的人，是不是都應在三十歲之前結婚呢？大部分的人都認為要活多久不是自己可以控制的，再加上工作的年齡有一定限制，因此也都依循適婚年齡就該結婚，以免將

來「父老子幼」，與孩子會有代溝，也比較沒有體力陪小孩。

當你到了適婚年齡，長輩或親朋好友就開始關心你的終身大事，「成家立業」乃天經地義的事，在中國的玄學中也說：「太極生兩儀，兩儀生四象，四象生八卦……而後氣象萬千。」其中「兩儀」指的是陰陽調和，結婚以後，男女陰陽調和，氣色與運氣都會比較好，可以否極泰來；台灣話也說「娶妻前、生子後」的運氣最好，種種跡象都告訴你該結婚了，如此絕對消費人生的方式，讓你很難豁免，如果再考慮生理狀況，更應該早日「陰陽調和」。

「入境隨俗」是最保險的應對方法，也就是與一般人相同，不要有乖離的情形發生，否則要忍受異樣眼光是需要長久的耐心與毅力。當你到了適婚年齡，還找不到對象結婚，如果你的條件差，沒結婚可以理解，但是不一定會被諒解，因爲在前面的章節中，我們已探討過條件差者仍可產生「失衡下的均衡」；如果條件在中等左右或更好，別人一定會覺得是你太挑或有隱疾，所以總歸一句，適婚年齡就該結婚，沒有任何理由或藉口，這就是絕對消費人生理

論的精髓。

或許有些人不贊同這樣的理論，可不可以等年紀大一點再催我結婚或是不結婚？在父母的眼中，當子女都成家後，他們才會覺得肩頭的重擔已卸下，如果適婚年齡不積極些，年紀愈大機會就愈少了；不結婚更不能接受，人總會老，父母不能陪你一輩子，所謂天下父母心，就算你的身體很好，也很獨立，不怕孤獨寂寞，父母還是會操心。

一般人對「適婚年齡」的定義，通常是以「生理年齡」來衡量，其實眞正的適婚年齡應該是用「心理年齡」來衡量比較客觀，年紀大不代表成熟度已經足夠，或是已經準備好成家的條件，生命雖然未知，且有盡頭，但是我們可以盡所能地規劃可預計的將來，樂觀地度過現在，哪怕美好的時刻只是短暫；如果是爲了結婚而結婚，不免有些賭注，一生的幸福豈可草率，但也不能怕風險就不結婚，所以「盡人事、聽天命」便是最佳的行動準則。

相對消費理論

在每個人的心裡，父母的婚姻是你對結婚的第一個印象，其幸福與否，多少都會影響你對婚姻的看法，因為你身上流著他們的血統，遺傳他們的性格，長年地生活在一起，更是耳濡目染。如果父母的婚姻是美滿的，你也會希望將來自己的婚姻與他們一樣；如果是不美滿的，你會希望將來自己的婚姻不要與他們一樣，一定要更好，所以父母的婚姻是優先比較基礎。同樣的道理，父母看你的婚姻，也會拿他們的例子做參考，時代雖然在改變，但這種相對比較的習性是一種慣性，尤其是終身大事，這種特性更明顯。

另一種會對自己產生示範作用的人，以同學或朋友影響最大，尤其是所謂的閨中密友或死黨，當這些人都結婚以後，他們常會在你耳邊提及他／她的另

一半或小孩，聚會時，別人攜家帶眷，一幅甜蜜家庭景象，而你還是孤家寡人時，孤單的感覺讓想要結婚的念頭瞬間縈繞在腦海中，原本你可能不想那麼早結婚，卻因爲父母或朋友的催促，而提早結婚了，這就是相對消費人生的理論。

什麼時候結婚最適當？父母的催促或同學朋友的示範固然有一些影響，但不應該是你決定要結婚的重要因素，重點是你究竟準備好了沒有，準備要放棄某些自由、要多照顧一些人、要多存一些錢、要更穩重些。也許你已經到了適婚年齡，可能有些著急，不想再聽見別人的督促，但不管別人怎麼說，好好想想自己的狀況再做決定吧！

有一種現象特別值得留意，這種現象稱爲「閨中密友互相耽誤終身」，因爲人的慣性，當你做任何事，直覺會先找熟悉的人，如果你有男女朋友，當然會找另一半；而「閨中密友互相耽誤終身」，是發生在還未有固定對象且年紀已屆適婚年齡的人身上，尤其是以女性居多。

女性的依賴傾向天生就被訓練得比男性高，因此做任何事都喜歡找伴，適婚年齡的女性應該都經歷許多挑選對象的過程，但是在沒有找到合意對象前，也不敢輕易去邀男性，這是基於女性的矜持與安全顧慮，不過還是要有談心的人與活動，因此閨中密友就成了不二人選。當閨中密友的姐妹淘在三至四人左右，且都沒有對象時，「閨中密友互相耽誤終身」的情形就會發生，爲什麼會如此呢？這是從數學的機率理論而來，一星期有七天，如果三人一夥，星期一甲找乙，星期二丙找甲，星期三各自在家休息，星期四乙找甲，星期五丙又找甲，星期六三人約好出去逛，星期日在家整理內務，這是假設三人不加班也沒有其他事要忙，下星期在不知不覺中又開始如此如此循環，三人都沒有時間找對象，彼此耽誤了終身大事，所以閨中密友以一人爲限最恰當，如果是三人一夥，一定要有一人先出閣，否則婚姻的事是愈來愈困難。

終生消費理論

結婚是一輩子的事，你是否經過仔細規劃後，再決定要結婚？有人說，結婚是憑著一股勇氣與衝動，否則當你想清楚以後，就不敢結婚了。大部分的人可能是採取絕對或相對消費理論，如果你是採取終生消費理論的人，又是白手起家，恐怕你是晚婚一族，因爲這個理論認爲人會根據自己的生涯規劃，決定何時結婚最恰當，考慮的問題包括自己壽命有多少年？要工作到幾歲退休？結婚時要存到多少錢？要生幾個小孩？要住多大的房子？要開怎樣的車？要與什麼樣的人結婚？要過怎樣的生活？

上述問題的釐清順序，首先是要與什麼樣的人結婚，因爲這項變數影響所有的問題，幾歲退休通常與養育小孩有關，至少會直到小孩完成學業，而生小

孩、過生活與結婚的另一半有關，甚至是房子、車子也可能有關係。當你充分瞭解這些問題的答案後，就可以擬定人生的目標，也能體會「成家立業」的道理，但是要與什麼樣的人結婚，不一定會如願，所以在踏入社會工作前，就應該想清楚，積極尋找設定的對象，比較容易達成目標，以免延誤人生規劃。

姻緣的事很難有邏輯可循，如果結婚的對象與當初設定的有很大出入，所有的計畫都會改變，不管是變好或變壞。大部分的人對於結婚，可能都有藍圖，但是規劃周延者應該不多，主要的原因在於緣分難掌握與人生無常；我有少數朋友，他們就是持終生消費理論的看法，連何時生小孩都控制得很好，問他們如何履行人生的規劃，他們的答案是「觀念左右行動」。

儲蓄

有位專家建議每對夫妻都應該開立對方名義的感情帳戶，不時地存入自己的眞情，讓對方可以在他需要時隨時提領，在感情存取的過程中領會彼此的用心，存在帳戶中的感情，將會孳生利息，在有生之年，可以取之不盡，用之不竭，夫妻間的感情就會更親密。

專家之所以會有如此建議，因爲人是健忘的，做了九件好事，卻常因爲一件錯的事，而功虧一簣，因此適時留下存取紀錄，可以讓對方記起全貌，這也就是每逢特別的日子，要留下回憶或互贈禮品的原因。

除了替對方開立的帳戶外，也應該爲自己開一個帳戶，將不想與另一半分享的內心世界記錄在裡面。人生的大部分是與另一半共同面對，只有一小部分是秘密的自己，開誠布公固然是夫妻相處之道，但是如果有些事可能會影響彼此的感情，不管是過去式或現在式，還是將它存在自己的帳戶中，因爲如果是一對相愛的人，一定會在意對方，而且希望對方完全屬於自己，就算另一半有寬容的心，眞相並無助於彼此的相處，不提也罷！

有一種情形必須要注意，當某些感情不想存入對方的帳戶，要確定已經考慮到對方立場與必要的尊重，否則會發生信任與溝通方面的副作用，“Man's Talk”這首歌所描述的情節就會出現在你的生活中，「愛人不能是朋友嗎？爲什麼有些話你只對朋友說？」

經濟櫥窗

・節儉的矛盾是指你愈想儲蓄更多，事實上你的儲蓄將更少。在一個經濟體系

總需求不足時，想儲蓄更多，表示消費更少，結果消費與儲蓄的總所得比原來更少，儲蓄因此也變得更少了。

- 絕對消費理論認爲消費與所得存在某種函數關係，絕對消費函數分爲長期與短期兩種，短期消費函數具有正截距，其形態　C（消費）＝C_0＋cY（所得）長期消費函數與所得成比例關係，其形態C（消費）＝bY（所得）。
- 相對消費理論認爲消費者受過去消費習性與一般消費水準影響，以決定其消費。消費者易隨所得的提高增加消費，但不易隨所得降低消費，即俗話所說「由奢返儉難」；同時也受到一般消費水準影響，尤其是鄰居的「示範效果」，對所得較低之家庭爲顧及其在社會上的相對地位，不得不提高它原來的消費水準。
- 終生消費理論認爲最有理性的消費者，會預估他／她終生所有的所得收入，依此水準來安排他／她目前的消費，其目的在於將一生的所得做最佳的利用。人生過程分三階段，青年、壯年與老年，青年與老年時，生產力較低，

屬於消費超過所得的階段；壯年時，生產力較高，屬於所得超過消費的階段，一方面償還年輕時的貸款，另一方面爲老年儲蓄。

‧恆常所得理論與終生消費理論的見解相似，但其構成方式不同，所得分爲恆常所得與臨時所得，恆常所得是一個消費者預計他一生中可獲得的所得平均數；臨時所得是指意外的所得。恆常消費與恆常所得維持固定的比率，而臨時消費則是意外的消費。

第十一章

凱因斯與古典學派的愛情觀

中國古代有「七世夫妻」輪迴的故事，主要內容在於闡述前世已定的姻緣，卻在命運的作弄下，無法白頭偕老，但因緣分未了，輪迴轉世後又當夫妻，當了七輩子的夫妻後，總算功德圓滿，雖然這只是個故事，卻讓許多人深深感歎：「姻緣天注定」。有人說：「夫妻是前世互相欠債，今生來償還。」這樣的說法與「七世夫妻」的輪迴有異曲同工之妙，由於現代的科技無法證明是否眞有輪迴，因此對於愛情，有人相信那是宿命的安排；當然也有人比較積極，認爲愛情是可以創造的。不管你的愛情觀是宿命的或是積極的，從這個角度來探討，與古典學派及凱因斯學派的經濟理論確有不謀而合之處。雖然當初他們提出這些經濟理論，是爲了解釋經濟現象，試圖解決各種經濟問題，但他們絕對不會想到從這些理論當中，竟隱含著許多令人玩味的愛情觀，恐怕這是當初他們始料未及的。

其實現代人的愛情觀應該是綜合兩個學派的觀念，遊走於兩者之間，因爲兩學派的愛情觀偏向兩極化，實際上雖然有人如此，但畢竟是少數。儘管我們

能瞭解現代的愛情觀是處於兩學派間的灰色地帶，卻不容易掌握應有的分寸，所以先瞭解各學派的精髓，再斟酌實情修正，可能會是較好的方式。

凱因斯學派的愛情觀

凱因斯有句名言：「等到長期，我們都死了！」不難想像凱因斯學派的理論是以短期需求爲出發點，認爲「有需求才有供給」，討論的現象也都以短期爲主，尤其是因「貨幣幻覺」所產生的一連串推演，乃至於「工資向下僵固性」等問題，充分說明凱因斯是從需求面出發的，從這些經濟理論中，可以衍生出凱因斯學派的愛情觀，其特徵如下：

愛情是盲目的

凱因斯學派認為人對愛情是有幻覺的，因為有幻覺存在，所以愛情變得更浪漫動人，因此多數人對愛情都存在有相當程度的憧憬，只注意到談情說愛的好處，不容易發現愛情也會傷人的，往往忽略愛情背後的眞相是喜悅伴隨著痛苦，因此遇見心怡的對象，就一股腦兒全心投入。「只要我喜歡有什麼不可以？」以及「情人眼裡出西施」，這是盲目愛情的典型，一個人談了戀愛之後，可以為愛瘋狂，內心中盤據的是情人的影子，情緒受到愛情的牽引，當兩人處於甜蜜時期，則心情喜形於色；當兩人發生爭執時，則心情跌落谷底。

「情人眼裡出西施」的正面意義，是指在情人的眼裡，自己喜歡的另一半都是美好的，這與台灣話「美醜沒得比，愛到比死還慘」意思雷同，但是這兩句話中都隱含盲目愛情的可能，因為西施的美是有目共睹的，但是自己選擇的對象，別人未必認同，尤其是雙方父母反對的姻緣，如果當事人不顧家庭反

對，執意在一起，恐怕不會幸福，但是只要當事人是經過深思熟慮，雙方家庭也贊成，則「情人眼裡出西施」倒是佳話一段。

覆水難收的愛情

因爲對愛情憧憬且盲目的心態，感情一旦付出去以後就無法收回，且主觀認爲對方會喜歡自己，於是愈投入愈深。用情太深的結果，一種是良性循環，對方很快回饋給你，感情進展迅速，閃電結婚就是最好的說明；另一種是惡性循環，盲目的付出，鑽入愛情的牛角尖中，開始勉強對方接受自己的感情，往往將自己或對方陷於難堪的地步，因愛轉恨的例子，就是這類覆水難收的愛情悲劇。

我們在報章媒體中所看見的情殺案件，大多數的情形都是因爲一方固執於感情，而無法平衡自己，因此釀成悲劇。有許多事物都是一去不回頭，時間如此，愛情更是如此，逝去就讓它逝去，用平常心來看待感情的起伏，傻事會做

得少一些。

猜不中對方心思

在談情說愛的過程中，默契相當重要，因爲男人與女人的邏輯是有差異的，女人不容易主動將自己的心思說給男人聽，她認爲這是男人該主動發覺的，否則就代表你不夠關心她、體貼她。由於對愛情有幻覺，自然看不清眞相；再者，認爲自己的愛情是覆水難收的人，顧慮自己的感受比別人的還重要，當然也不容易眞正掌握對方的想法，因此也就無法猜中對方的心思。

因爲猜不中對方的心思，所以你做得再多也枉然，通常只落得白忙一場，對於感情的幫助相當有限。俗話說：「女人心海底針」，猜不中是正常，猜得中才是異常，因此從平日開始，要多用心觀察與溝通觀念，培養良好的默契，自然有助於雙方的瞭解。

有失戀的痛苦

由於對愛情是盲目的，投入的感情愈來愈深，而且投入之後就無法收回，所以當對方不愛他／她時，起初他／她並沒有察覺感情已經開始變化，這是因為幻覺與猜不中對方心思的結果，他／她仍然堅持感情是不變的，一如往常地忠貞於愛情，可是當他／她發現對方眞的不愛他／她時，此時有如青天霹靂，不敢相信自己的愛情已變調，打擊甚爲嚴重，因此失戀的痛苦是理所當然存在。

失戀痛苦之所以存在，是因爲對無法收回的感情不甘心，以及存在於腦海中的甜蜜回憶已化爲烏有，令人情何以堪？用情愈深，失戀的痛苦也愈深，需要療傷止痛的期間也愈長。雖然我們常會安慰失戀的人說：「天涯何處無芳草」，但是對於失戀者而言，初期懊悔的情緒讓他聽不進親友的安慰，當心情慢慢平復後，最需要的是時間與親友的關心，陪他度過這一段黑暗期。

長輩或親友的干預

長輩或親友的善意主動干預是解決凱因斯學派愛情觀的有效措施，因爲談戀愛的人對愛情的憧憬，讓人變得盲目，往往容易失去理智，因此長輩或親友的主動干預，可以適時導正他們對愛情的迷思與幻覺，避免因過度投入而導致失戀時的痛苦。

長輩或親友該如何採取主動干預措施？口頭勸說或表示關心是消極的方法；物色一個比現有更好的對象是更積極的做法。最好先以消極方法取得信任後，再改採積極作爲較容易成功，亦可避免不必要的反彈或衝突。

古典學派的愛情觀

古典學派的愛情觀，恰巧與凱因斯學派相反，以供給爲出發點，認爲「供給創造需求」，也就是說只要肯付出愛，就有人會接受，自然可以找到對象。從這樣的邏輯開始，可以歸納出古典學派的愛情觀是以下列特徵爲基礎，推論出「供給創造需求」的觀念：

愛情是理性的

古典學派認爲人對愛情是理性的，是沒有幻覺的，可以看清楚愛情的樣子，以平常心來面對愛情，因爲沒有幻覺存在，所以能夠掌握彼此之間的關係，多數人也瞭解愛情是有苦有樂的，對於談情說愛過程中的甘苦，皆能坦然

面對，情緒並不會受到愛情的牽引，而明顯感到喜形於色或心情跌落谷底。

很多人認爲理性的愛情是不浪漫的，其實理性與浪漫與否毫無衝突，而浪漫的氣氛絕對是透過理性的腦筋所製造出來的，如果沒有理性的判斷，怎麼能分辨出何者是浪漫或是不浪漫？如果說浪漫的愛情是一種隨性的感覺，應該是與個性有很大的關係，而不能說理性的愛情不浪漫。

彈性調整的愛情

對於愛情的投入會視雙方的互動關係彈性調整，當對方有善意回應時，則投入愈深；若對方沒有善意回應，則停止或減少投入感情，因此並不容易將自己或對方陷於難堪的地步，好聚好散。因爲能看清楚彼此的愛情關係，沒有幻覺，再加上理性的態度，所以有能力彈性調整對愛情的投入。簡單而言，看情況調整自己談情說愛的態度與方式，見招拆招。

猜中對方心思

由於對愛情沒有幻覺，始終保持理性，從對方的言行舉止中觀察出其心裡的想法，進而瞭解眞相，因此較能掌握對方的心思，就算是一種新狀況，對方不吭聲，也能猜中對方的心思，經年累月，自然能培養出好默契。有了好默契，所以經常是事半功倍，讓對方感覺自己是體貼的，眞正用心在經營彼此的感情。

沒有失戀的痛苦

由於對愛情是理性的，且彈性地調整所投入的感情，懂得放也懂得收，當兩人的感情變調時，能夠察覺到且適度地調整自己，因此心裡早有失戀的準備，甚至預測遲早會走到這一步，也就沒什麼好訝異的，自然能夠坦然接受，失戀痛苦也就不會有了。

長輩或親友不應干涉

因為談戀愛的人對愛情始終能理性面對，並自行處理問題，連失戀都能泰然處之，當然一切都在正常的狀況下，所以長輩或親友的干預就顯得多餘。

經濟櫥窗

・凱因斯學派又稱需求學派，其主張需求創造供給，由於需求的緣故，而導致量與價的變化；古典學派恰與其相反，又稱供給學派，其主張供給創造需求。

・凱因斯學派與古典學派的見解差異：

凱因斯學派	古典學派
勞動者有貨幣幻覺，工資有向下僵硬性，失業爲常態	勞動者無貨幣幻覺，工資與物價完全自由調整，長期可達充分就業
貨幣不具中立性	貨幣具中立性
社會大眾預期錯誤	社會大眾完全可以預期
未達充分就業前，總供給曲線爲正斜率	總供給曲線爲垂直
政府應採取干預政策	政府應採取自由放任政策

第十二章

夫妻理財與財產制度

愛情或婚姻的品質是由時間或金錢堆砌而成的，兩人的瞭解與相互經營需要時間，製造浪漫與情調也需要時間或金錢，由此可知，在忙碌的現代，想要過有品質的生活，沒錢或沒時間的前提下，是很難辦到的，尤其沒時間之下，許多事情變得倉卒，品質更難兼顧。

有則笑話，兩個人正談論著，有一人感歎地說：「眞慘！我快死了，但錢還沒花完！」另一人說：「我比你更慘，因爲我的錢花光了，但我還沒死！」由此可知，沒錢煩惱，有錢也煩惱，因此夫妻間的錢財該如何安排才不會有煩惱呢？

常有人說：「不能給男人太多錢，否則飽暖思淫慾，可能會養小老婆，所以女人要掌控家庭經濟，才有安全感。」但是有則故事卻很値得深思，春秋戰國時代，有位女子要出嫁，母親就告訴待嫁的女兒說：「到夫家後，要拚命存私房錢，免得有什麼萬一，將來被休了，生活無所依靠！」女子嫁到夫家後，眞的遵循母親教誨，努力存私房錢，有一天，婆婆發現媳婦存很多私房錢，責

怪媳婦掘取夫家錢財，遂令兒子休了媳婦。媳婦卻沒有任何難過悲傷，回到娘家後，就告訴母親說：「娘說得對！還好我存了許多私房錢。」

民法對於夫妻財產制度的規範，雙方無特別約定者，採聯合財產制，結婚前個人名下所擁有的財產仍屬個人，婚後所取得的財產，如無法舉證所有權歸屬，則為兩人所共有。現代的家庭多半是雙薪家庭，各有各的工作與薪水收入，因此夫妻理財的原則大致可分為共同基金、各自管理與全數繳庫等制度，所謂共同基金制是指兩人各提撥薪水的一部分當共同基金，凡是不歸個人使用的支出，一律由共同基金支付，例如小孩教育費，至於誰管基金，則由兩人協商；各自管理制是指有重大支出或共同支出時，再討論該如何解決，原則是各管各自賺得的金錢；全數繳庫制是指其中一人薪資全數交由另一人管理，這種情形以先生交給太太的例子居多。究竟各種制度的優缺點為何？什麼樣的家庭該採哪種制度比較好？

安全感偏好說

穩定的經濟來源，代表著某部分的安全感，當你每天醒來，食衣住行都需要花錢，面對現實的生活，沒錢花是萬萬不能；再者，天有不測風雲，人有旦夕禍福，意外開銷不免，因此每個人都需要保有一些錢財，才會有安全感，所以儲蓄是累積安全感的行動之一。既然錢財可以爲人們帶來安全感，究竟要保有多少錢財才足夠？尤其是在「永遠沒人嫌錢多」的前提下，這個問題更難回答。

如果我們把滿足基本生活所需，定義爲對安全感的最低要求，此時可能有人又會有疑問，因爲每個家庭生活所需不同，那什麼是基本生活所需？簡單而言，以年平均國民所得一萬三千美元爲基準，表示大多數人的生活水準是如

此，因為穿好的、吃好的及用好的，相較於基本生活所需是屬於奢侈行為，已超過基本生活所需。以台灣的生活水準，只要有工作，都可以達到基本生活所需，也就是說，只要有工作能力的人，都已經擁有安全感的最低要求。

而人之所以拚命賺錢，除了滿足自己的成就感以外，另一個目的是擁有安全感，希望有個舒適的家，過安定的生活。因此當你所擁有的錢財愈多以後，已經擁有成立一個安定且舒適的家的能力，也就是可以滿足一定水準以上的安全感，因此你對於增加安全感的需求會有減緩的情形，亦即會漸漸停止對安全感的追求；換句話說，當你所擁有的安全感愈少者，你會希望擁有較多的錢財，以備不時之需；當你所擁有的安全感愈多者，表示你可能已經擁有足夠的錢財，或是你覺得生活所需不多，不需要再汲汲於追求錢財，基本生活已經有保障，較不在乎自己究竟能再增加多少錢財，所以就安全感與自己擁有錢財需求程度的關係，可以用圖12.1表示。

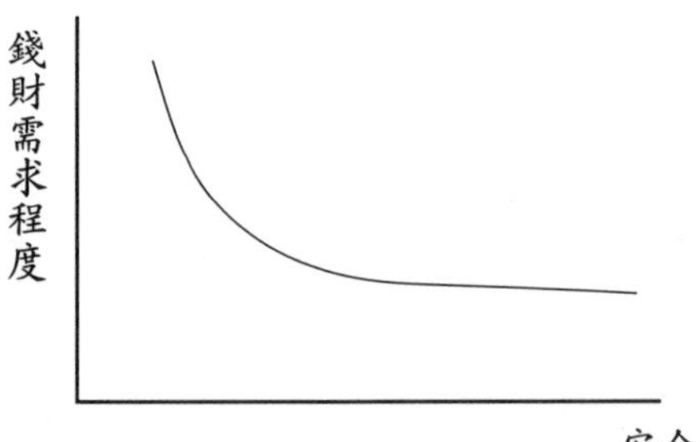

圖12.1　安全感與錢財需求關係

夫妻間的理財制度與個人所擁有的安全感有很大關係，取決於對另一半的信任與瞭解程度與自己對婚姻觀的看法，當你對另一半的信任與瞭解程度愈高，安全感也愈高；相反的，安全感也就愈低。根據上述安全感偏好理論，我們分別討論三種制度的優缺點及夫妻間的關係：

各自管理

各自管理的理財方式，其最大優點是花錢自在，產權清楚，只要自己有能力，想買什麼東西隨自己喜歡，不必徵

詢對方同意，因此花錢較自在。其最大缺點在於各自理財，無法發揮一加一大於二的團結效果，且當發生共同支出時，易有摩擦產生，因為習慣於各自負責自己的花用，如果雙方的經濟狀況佳時，一切好說，萬一不好時，兩人都不想付錢，爭執就不免了。

採取各自管理制度的夫妻，表示其個人對於自己所賺得的金錢最好都歸自己所有，隱含著其對錢財的需求度較高，顯示個人所擁有的安全感是較低的，亦即對於另一半的信任與瞭解程度也是較低的，不放心把錢交給另一半。但這與愛不愛對方沒有直接關係，與自己的成長經驗較有關，有些人因為成長環境的因素或過去不好的經驗，造成不容易相信別人，而形成了他的人格特徵，比較保護自己，就夫妻間應坦誠的角度而言，確實對彼此之間的感情交流，有些許妨礙。

如果夫妻兩人的理財能力都不錯且能約束自我，雖然各自理財，仍有以家庭與感情和睦為上的共識，各自管理制度就可以發揮它的優點。如果有一方的

理財與自我約束能力較差，切勿採行此種制度，因為夫妻生活在一起，一定會互相影響，既然雙方達成共識要採取各自管理制度，如果有一方因自己不善理財，或花錢無度，造成必須向對方求助，原本雙方的信任程度已經薄弱，為此摩擦會更深，彼此的關係會陷入惡性循環。

全數繳庫

全數繳庫制的夫妻，表示一方將自己所賺得的金錢全部交由另一方管理，隱含著其對錢財的需求度較低，顯示個人所擁有的安全感是較高的，亦即對於另一半的信任與瞭解程度也是較高的，很放心把錢交給另一半，相信另一半來管理會比較好，可能是自己太忙或不善理財。

這種制度以太太不工作，在家帶小孩的情形最多，先生將所得完全交給太太管理，負責一家老小食衣住行，現在的雙薪家庭因各自有收入，較少採取這種制度。全數繳庫制的採行如果是因為另一方的要求，那麼可能沒什麼優點，充其量也只是不亂花錢；如果是出於自願，那麼優點就表現在責任感與家庭和諧上，表示夫妻間的相處已步入不分你我的境界，更可貴的是完全相信對方的那一份心，這是人與人之間最難辦到的，尤其是社會愈來愈功利的現代。

共同基金

共同基金制是上述兩種制度的折衷，當夫妻兩人都各有收入時，採取此種制度應是較恰當的選擇，雙方依約定每月提撥收入的若干百分比作爲共同基金，既保有各自管理的自在，也有繳庫制的優點，至於誰來負責基金管理，由雙方決定。

共同基金制是修正的全數繳庫制，即部分繳庫，因爲負責基金管理的一方實際上已接收另一方所繳來的基金，對不保管基金的一方，實際上是部分繳庫。

就夫妻間信任感與瞭解程度而言，共同基金制是屬於中等的，表示其個人

對於自己所賺得的金錢仍須有一部分歸自己所有，隱含著其對錢財的需求度趨向中等，顯示個人雖擁有基本的安全感，但仍嫌不足，不放心把錢全部交給另一半，自己必須保留一部分。

以上三種制度，對於男性的影響程度比女性大，因爲大部分的人還是認爲男性應該多擔待一些家計責任，所採取的制度不同，自己的「私房錢」多寡也不同。其實眞正的不同是內心的感受，依據「物質不滅定理」，都是用在家庭開銷，如果心是在一起的，又何必區分你我呢？至於女性是否也要負擔養家活口的責任，女性自己的意願比社會大眾的期待較高，也就是說，女性多半會要求自己也要分擔家計，而一般人對女性分擔家計的要求較低，所以在傳統的觀念中，女性較毋須分擔家計，沒有收入也就不用考慮哪種制度較好。

現在會賺錢的女性也很多，講的是男女平權，因此結婚後也會面臨夫妻財產的問題，所以每件事通常是有得就有失，傳統的女性缺乏經濟獨立，仰賴男性，「嫁雞隨雞，嫁狗隨狗」，根本不用煩惱該採哪種制度；現代的女性，經

濟獨立後，自己的意見較能彰顯，卻也必須面對新問題，無論如何，負擔起自己選擇的後果，不影響別人，因爲我們都是理性的成年人。

流動陷阱

從安全感偏好理論可以發現，人之所以拚命賺錢的原因是希望給對方足夠的安全感，而這樣的安全感有兩種意義：一種是當錢財累積到一定程度時，生活無虞；另一種是藉由拚命爲家庭的負責任表現，傳遞了安全感，取得對方信任。有了穩定的生活與信任感以後，就有安全感，自然對於錢財的需求程度減緩，但是如果你打算將收入全數繳庫，讓對方的安全感達到最大，實務上是不太可行。事實上你爲了方便，仍會保有最基本的零用錢，**圖12.1**中平坦的部分即是流動陷阱，除非你所有的銀行帳戶都是以另一半的名義開立，否則不會有全

數繳庫的情形。

流動陷阱只有在實施全數繳庫制度時發生，雖然你已經盡可能將所得收入繳庫，表示你完全信任對方，但對方不一定完全相信，前面已提過，除非你所有的銀行帳戶都是以另一半的名義開立，但實際上不太可能，所以對方仍會有此疑慮：你眞的已經全數繳庫了嗎？

名目安全感

所謂名目安全感是指本身所具備的能力帶給自己的安全感，加上來自另一方所給你的安全感。當你找到好的另一半，名目安全感會比自己原來擁有的安全感還大；當你找到差的另一半，名目安全感會比自己原來擁有的安全感還小，差的另一半不僅不會有安全感，恐怕還會是傷害，因此當你的自身條件爲

你帶來較多的安全感時，你比較不會為找不到好對象擔心，即使找不到為安全感加分的人，至少自己的安全感也足夠；反而會擔心找到差的對象，那會使自己的安全感產生扣分的作用，這就是晚婚現象的重要原因，不敢期望名目安全感會因為結婚增加，只希望自己的安全感不會被減少。

以天賦的特性來看，古人認為男性所具有的安全感比女性多，而且女性嫁入男方家之前，對夫家瞭解不多，必須冒著高風險，因此是「女」性「昏」了頭才結婚，於是才造了「婚」字；但是社會逐漸演變，現在的說法是「女」人旁邊的「男」人「昏」了頭才結婚，因為既得利益大幅減少，恐怕還要面對大女人主義者。其實天底下沒有完全美好的婚姻，每樁婚姻都有風險，只要婚前充分瞭解對方，適度控制風險，只要風險大小可以容忍，又何必擔心婚姻會不好呢？

經濟櫥窗

- 凱因斯認爲保有貨幣的動機有三：交易動機、預防動機與投機動機。
- 凱因斯陷阱，亦稱爲流動陷阱，是指貨幣供給增加，而利率卻無法降低的情形。按照貨幣供需原理，貨幣供給增加，市場充斥資金，因爲利率是貨幣的代價，所以利率下降；貨幣供給減少，則利率上升。
- 實質利率加上物價上漲率即爲名目利率，而實質利率則是指純利率加風險率。
- 我國貨幣供給（M_1）分爲狹義（M_{1A}）與廣義（M_{1B}）貨幣供給，其定義分別如下：

M_{1A} = 通貨（現金）+ 支票存款 + 活期存款

M_{1B} = M_{1A} + 活期儲蓄存款

第十三章

危險關係膨脹

原本相愛的兩人，會走到離異的地步，我們常聽到的原因是「個性不合」，但是處於蜜月期時，怎麼看對方怎麼順眼，又該如何解釋？這時的解釋是「因瞭解而分手」，其實不論是「個性不合」或「因瞭解而分手」，都是有原因存在，而這些原因是日積月累，絕不是瞬間形成，可以用「危險關係膨脹」來形容。

危險關係膨脹是指在談戀愛或婚姻生活中，兩人的關係持續惡化，一直到分手或離婚的現象。所謂的「持續惡化」是指惡化之後沒有復原，當有新的摩擦產生時，感情裂縫更大，舊仇加新恨，雪上加霜。但如果只是偶爾衝突或口角，事後和解就雨過天青，則不是危險關係膨脹。

需求拉引的危險關係膨脹

不管是情人或夫妻關係都具有唯一性，所謂的唯一性是指當雙方關係仍存在時，你就有義務將對方排在優先且不可替代的地位，否則彼此的關係就只是像一般朋友；也就是當另一半提出他／她的需求以後，你都要想辦法滿足他／她，因爲在唯一性的前提下，這是責任也是義務，如果你一而再、再而三無法滿足他／她，需求持續得不到滿足，彼此的危險關係就會提升，如果你不設法安撫或排解，任由情況發展，需求拉引的危險關係膨脹就此引爆，這種關係的演變，如**圖13.1**，縱軸代表危險關係，橫軸代表個人所擁有之資源，假定你的另一半的需求曲線是D_0，而你的供給曲線爲S_0，當他／她可以得到的滿足愈大，發生危險關係的機會愈小。兩人相處本來就存在有某部分的危險關係，只是感

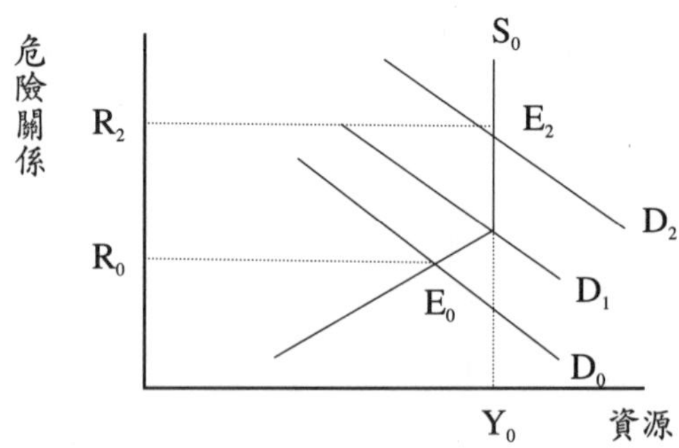

圖13.1　需求拉引的危險關係膨脹

情好的時候，危險關係發生的機會少，但是人的慾望是無窮的，胃口可能會愈養愈大，要求會愈來愈多。

若兩人起初的均衡點爲E_0，危險關係爲R_0，此時另一半的需求曲線爲D_0，對你而言，在Y_0之前，以你所擁有的資源，仍可以滿足他／她的需求，但是因爲要求愈來愈多，對於供給者的你，壓力會愈來愈大，無形中危險關係也隨著壓力加大而往上推升；當另一半的需求到達D_2，你所擁有的資源已到極限Y_0，均衡點爲E_2，危險關係爲R_2，如果另一半的需求再加大，因爲你已無法再提供

額外的資源，因此只會快速推升彼此的危險關係，這就是需求拉引所造成的危險關係膨脹。

在男女相處模式中，雙方彼此配合是理所當然的事，但是如果一方常苦於配合另一方，表示另一方的要求太多，或是被要求配合的人能力不足，已造成配合者的壓力，此時，雙方應坦誠溝通，否則危險關係膨脹的情形就會發生。人常以爲自己可以忍耐，所以盡力去配合對方，爲對方設想，想盡辦法滿足對方的需求，哪知對方已習慣你的盡力配合，而視爲理所當然，這類的危險關係膨脹就是典型的需求拉引危險關係膨脹。

成本推動的危險關係膨脹

男女關係的發展過程，由陌生的摸索期，接著是蜜月期、平原期、瓶頸期

及安全期，當兩人感情由濃情蜜意的蜜月期進入漸趨穩定的平原期，雖然處於平原期，不代表兩人的相處模式不需要濃情蜜意，而是頻率可以比較少，例如在蜜月期安排的活動較多，平原期則較少，因此在平原期之後，可能面對的是瓶頸期，大多數的問題都發生在這個時期，可能是生活模式固定，一成不變的生活習慣或是心理的調適發生問題，該糾正或該溝通的問題都已經討論過，但是卻無法獲得共識，其中的一方開始對另一方感到灰心或失望，因而會減少感情付出，此時由於感情供給減少，而導致危險關係膨脹持續發生的現象，就是成本推動的危險關係膨脹。

假定你的供給曲線爲S_0，另一半的需求曲線是D_0，兩人起初的均衡點爲E_0，危險關係爲R_0，由於你的感情供給減少，供給曲線由原來的S_0向左上移動至S_1，另一半會察覺你的感情付出已經正在減少，但他／她仍希望維持像過去感情好的情況，以符合他／她原來的需求，於是他／她的需求曲線由原來的D_0向右上移動至D_1，因此會採取安撫你的行動，讓你再次的付出，危險關係由原

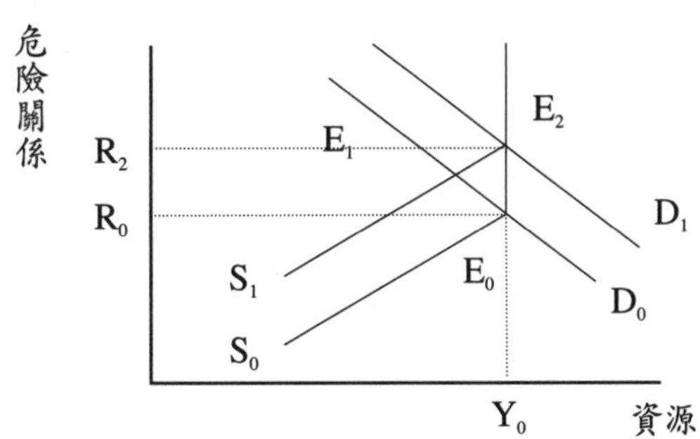

圖13.2　成本推動的危險關係膨脹

來的R_0向上推升至R_2（如圖13.2）。

一段時間過後，如果你們的情況又回復到老樣子，沒有太多改善，惡性循環的過程，如前面所述一樣，再次將危險關係向更高的情形推升，這種反覆為一些老問題爭吵而使彼此關係漸形惡化的狀況，多屬於成本推動的危險關係膨脹。

結構性的危險關係膨脹

情侶或夫妻在相處的過程中，有一

人成長迅速，而另一人成長緩慢或是停滯的現象，這種相處結構發生差異變化，而且差異有日益擴大的情形，所造成的危險關係膨脹，稱爲結構性的危險關係膨脹。常見的結構性危險關係膨脹，在情侶間以「兵變」最普遍；夫妻間則以男性在外忙事業，女性全心照顧家庭的案例最普遍。

首先來瞭解「兵變」的眞正內涵，男性從學校畢業後即進入軍中，軍中是封閉的社會，對於將來闖前途的幫助而言實在不多，兩年下來，相較於女朋友在社會上接觸廣泛，甚至有第三者追求的情形，男性的心智與成熟度確實比其女朋友遜色許多，況且人的心理會隨著年齡的增長，修正自己的抉擇，因此當女朋友發現男友與其差異甚大，且發生溝通問題，如果再加上第三者的介入，「兵變」的氣氛就形成了。

至於「兵變」的時間點有兩個，最多的是男朋友退伍後的半年內，因爲多數的女性認爲當兵期間是男性必經的苦悶期，如果選擇在男友服役期間兵變，怕他無法接受，若因此發生意外，會有更深的罪惡感；選在男友退伍後分手，也算善盡「道義責任」。另一個時間點是男友入伍後約一年時，男友應該習慣軍中生活，況且自己早已習慣有人陪伴的生活，現在變成一個人，一定會有落寞感，撐一年也算很久了，當有自己喜歡的第三者出現，「兵變」就立即發生。

至於夫妻間的結構性差異，尤其是女性在婚後辭掉工作，當個全職的家庭主婦，而男性仍在事業上打拚時，如果演變結果是女性變得與社會脫節太多，彼此的話題搭不上，自然疏於溝通，默契也會出問題，差異更形惡化，因此建議全職的家庭主婦最好抽空去參加各種技藝訓練班，如插花或烹飪，維持一定的社會脈動，這也算是另一種成長，仍有助於家庭和諧，尤其是太太為照顧家裡辭去工作，先生都應鼓勵太太多參加活動，而不應將她綁死在家裡，這對她是不公平的。

輸入型的危險關係膨脹

由於第三者的介入，使得情侶或夫妻間的危險關係持續升高的現象，稱爲輸入型的危險關係膨脹。外遇的產生分爲兩種，一種是自發性的，另一種是誘發性的。所謂自發性外遇是因爲產生需求拉引或成本推動的危險關係膨脹，希望找一個人改變目前的處境，讓自己的心情得到平復，或準備開始過愉快的新生活；所謂誘發性外遇，是指爲尋求新鮮感，嘗試另一種生活形態，不見得與另一半有什麼危險關係發生，只是因爲生活稍嫌平淡，恰巧有第三者主動誘惑，而你有了「不吃白不吃」的心態，單純地想改變生活形態。

電影《鋼琴師的情人》、《英倫情人》或《麥迪遜之橋》都是描寫第三者介入，而產生外遇的現象，影評者認爲這些賣座電影的外遇者都是女性，顛覆

傳統，抒發女性潛在的慾望，才會賣座，如果把電影中外遇者改為男性，可能票房就差很多，觸動人心和感人的情節也會大打折扣。對於外遇的處理，女性一般表現出比男性更寬容的胸襟，可能是中國傳統「一夫多妻制」對女性產生影響，從許多社會新聞中，可以得知當男性發現女性外遇，通常無法忍受，甚至暴力相向，《鋼琴師的情人》、《英倫情人》的下場也是用暴力手段解決，在這方面男性應該再檢討，學習女性的寬容，如果她要回來，就當做沒發生過，如果她要遠去，就成全她。

面對外遇，女性的掙扎遠比男性多，因為女性對於感情比較被動，也比較壓抑，而且介入的男性第三者需要有耐力，才能啓動她潛在的情慾，因此女人的外遇以精神上外遇居多，但這不違法，也不足以構成輸入型的危險關係膨脹。至於男人的外遇比女人容易的原因是，男人習慣「先有性才有愛」，女人則是「先有愛才有性」，當性行為發生時，外遇的證據也成立了，但培養愛則需要時間，所以女人比男人不容易發生外遇。

預期心理的危險關係膨脹

有些人對於婚姻比較悲觀，主要是來自於對生活與人的不安全感，雖然其贊同人應該要結婚，但同時也認爲應該對將來可能發生的離婚做準備，這種主觀認爲不幸的事將可能如自己所預期發生，因此「以小人之心度君子之腹」而造成危險關係膨脹的情形，即是預期心理的危險關係膨脹，因爲對婚姻所持的看法傾向悲觀，其婚姻的結局眞的就如同預期般是一齣悲劇收場。

「觀念左右行動」這句話說得貼切，當一個人腦海裡想的是什麼，行動就會反映出來，例如對生活與人缺乏安全感，必然會做些保護措施，也不敢打開心胸，怕受傷害，所有行動都是以保守爲出發，甚至比較悲觀，這樣的人結婚後，基本上對婚姻不會有太多的期待，甚至認爲離婚是理所當然的，因此經常

爲意外做準備，可以說其人格特質有「杞人憂天」的傾向。在我們的周遭中可以發現一種晚婚的人，因爲擔心找錯對象，所以要花很多時間找對象，甚至要爲找錯對象時做準備，青春就在尋找對象中蹉跎了，晚婚自然是在預期當中。

尤其是婚前決定自己買房子的女性，通常對男人的信賴感是較低的，因爲買房子的理由是萬一離婚後，好有個落腳處，這隱含在她的觀念中，離婚是會發生的，當感情出了問題，難免吵架，言語上就不會保留，如果雙方情緒控制不當，離婚就變成一種解決的方法，到最後離婚竟成爲事實，這就是預期心理發揮作用；其實在結婚時，兩人最好都要有共識，絕不輕言離婚，有了此觀念，再透過意志力，至少離婚的機率會少很多。

預期心理的另一種投射是表現在猜忌心，女人的心思本來就比較敏感，容易想得比較多，常有「看到黑影就開槍」的情形，喜歡拿過去推理未來，猜忌與疑心是仗恃對另一半的瞭解，所以就更理直氣壯，但是眞相可能不是預期那般，但每經歷一次猜忌，危險關係就升高一些，結果可能賠上彼此間的信任，

感情也因此走到盡頭。很多人可能都知道疑心病與猜忌是傷害感情的，但是就是無法控制自己，從養成穩定情緒開始，心情平靜時對問題的瞭解會更清楚，最好能問一些對問題看法與你相左的朋友，潛移默化中，更能使心胸變得寬大。

停滯性的危險關係膨脹

人是感情的動物，因此正常人對於感情，應該會隨著相處時間增加而更好，但是當兩人的感情進入瓶頸期時，就可能產生一種現象，雖然彼此相處的時間愈來愈長，但感情卻沒有隨著相處時間的加長而變得更好，這樣的感情發展，就是停滯性的危險關係膨脹。

停滯性的危險關係膨脹發生的原因通常是有一方不滿意現狀，因此逐漸減

少感情的供給，但又一時找不到更好的對象，因此只好暫時先耗下去再說，騎驢找馬，邊走邊看。在耗下去的過程中，危險關係也緩慢攀升，因爲瞎耗是消極性作爲，另一半較不容易察覺。

爲了解決這類危險關係，還是需要由主動減少感情投入的一方，與另一半坦誠溝通問題所在，大部分的人都知道發生問題需要透過溝通解決問題，但是有很多人常會指責另一半很難溝通，所以溝通無效。眞的是另一半難溝通？還是自己難溝通？常指責別人難溝通的人，都存在一些盲點，他所謂的溝通其實只是將自己的想法告訴對方，希望對方照自己的想法去做，如果對方有意見，就會覺得難溝通。眞正難溝通的人，是連傾聽別人說話的耐性都沒有的人，如果當你想與對方溝通時，而對方只是急欲陳述他的想法，不想聽你說些什麼，這種人就是難溝通的人，因此當兩人溝通無效時，應該反省自己是否犯了溝通的毛病，也許自己才是眞正難溝通的人呢！

經濟櫥窗

- 通貨膨脹是指物價以相當幅度持續上漲的現象。
- 痛苦指數是指通貨膨脹率加失業率。
- 成本推動的通貨膨脹是指因工資或原物料價格上漲，使得廠商成本增加，而造成物價上漲的通貨膨脹。
- 輸入型通貨膨脹是指進口貨品價格上漲，進而造成國內物價上漲的現象。
- 停滯性膨脹是指物價上漲與所得下降並存的現象。

第十四章

異國鴛鴦

「緣分」這種東西是沒有國籍界線的，如果有機會，可以來段異國戀情，也是韻事一樁，在人生的過程中，走一遭與眾不同的路，別有一番滋味在心頭。在語言與風俗習慣的隔閡下，只有少部分的人選擇與外國人結婚，至於結婚的對象，似乎男女有別，台灣女性主要嫁給歐美人士；而男性則娶大陸或越南新娘爲主。如果以促進國民外交而言，男女各有功勞，但是如果就經濟面來看，男性比女性遜色多了，因爲這些男性多半是花錢買回老婆，輸出外匯，而女性嫁洋人，買賣的成分很小，若是沒賺取外匯，至少不用輸出，所以女性在異國聯姻對經濟成長的貢獻比男性強，探討這些異國鴛鴦，其背後原因、動機與心態頗爲微妙。

追求異國婚姻

婚姻制度的設計，可能是導致男女對異國婚姻接受度的先天差異，結婚通常是女性嫁到男性工作或生活所在地，在台灣若是要長輩接受洋媳婦比洋女婿困難，就算這洋媳婦精通中文與風俗習慣，做長輩的基於禮貌，最好也要懂些洋玩意兒，但這是在折騰老人家，因此許多長輩仍無法接受洋媳婦，尤其是觀念愈傳統者愈明顯。至於洋女婿的接受度比較高，是因爲女性嫁出去是潑出去的水，到夫家後，要面對這些洋文化是出嫁者的選擇，做長輩的只是尊重女兒的意見罷了，唯一的顧忌可能是見面比較不容易。

大陸或是越南新娘比較容易被台灣的長輩接受，至少在外型上的感覺是沒有差異，更何況若是語言可以溝通，對老人家而言，這與娶當地的人是差不多

的；就算言語不通，少了外型的隔閡，至少感覺比起洋媳婦更像一家人，怪怪的感覺也比較少。

自從開放大陸探親以後，台商陸續到大陸設廠，大陸妹見識到台灣人比較富有，也頗爲歡喜嫁給台灣人，因此大陸妹就成爲娶妻的另一種選擇；由於越南人普遍貧窮，許多女性爲了改善家庭環境，婚姻仲介就引進越南新娘，台灣男性又多了一種選擇，只要花些錢，終身大事就有著落了。現在有許多父母擔心兒子娶不到老婆，索性就花些錢，娶大陸妹或越南新娘好對祖先有交代。

但是與外國人結婚的台灣女性以嫁歐美人士居多，卻少嫁到大陸等較落後國家，其實這很容易瞭解，到落後國家生活條件比較差，歐美國家則比較好；另一個原因是歐美人士身材比較高大，也比較有安全感，這是台灣男性所不及的。

台灣男性比較少娶歐美女性，除了長輩因素以外，身材考量也是重要因素，嘴巴有能力與這些歐美女性溝通，但身體就不一定了，爲了避免自暴其

短，損傷自己的尊嚴，還是找體型相近的比較恰當，這也是爲什麼台灣的第四台鎖碼頻道中所播放的節目，以日本片執牛耳，比較容易有共鳴。

從以上的分析可以得知，女性之所以會有異國婚姻通常是自己的意願較多，很少是父母的意思；而男性可能是自己的意願，也可能是父母的要求。既然女性是出於自願者較多，自己一定要有起碼的努力，才能「外銷」賺取外匯，至於努力的方向有哪些，大致有下列幾種方式：

出國進修

出國進修是結交外國人最好的方法，但是花費也是最多的一種，每年費用少則台幣六、七十萬，多則一百萬。進修的方式大約有短期與長期之分，短期以語文學校最多，長期則是以修習學位爲主。進修國家以英美語系的美國、加拿大、英國與澳洲居多，因爲英語教育在台灣較普遍；日本是非英語系國家中，進修人數最多者，除了地理上較近外，日本曾殖民台灣且我國與其貿易頻

繁也是重要因素。

以往到英語系國家留學需要考托福，現在有許多學校標榜免托福，且在台灣面試，通過面試後即可到國外留學，至於哪些學校有招收這類學生，可以洽詢各留學補習班。

旅行

到國外旅行一定會遇見外國人，但不一定會認識外國人，最好的方式是到旅遊地去找親朋好友，透過他們的帶領認識外國人，如此可以避免發生危險，而且旅行的期間至少要一個月以上，否則萬一水土不服，光調理身體狀況都來不及，怎會有機會認識朋友。

工作

如果不想出國，到國內的外商工作也可以認識外國人，但是年輕的可能不多，因爲國外派來的高階主管應該有一定資歷，自然年紀也不會太年輕；再者，台灣對這些歐美人士而言，算是落後國家，所以肯到這裡來的，多半不是一流人選。

學外文

到補習班學外文也是在國內認識老外的好方法，尤其是台大或師大語文中心，有相當多的外國學生，他們都是來台灣學中文，如果你想將英文練得更好，又不想花補習費，找個英語系學生交朋友，你教他／她中文，他／她教你英文，可說是一舉兩得。

酒吧

國內的許多小酒吧常是外國人聚會的地方，尤其是星期五或週末特別多，雖然國內有許多美式餐廳也有很多老外，但餐廳是用餐的地方，不適合交友，

但是到酒吧的人擺明就是來聊天休閒的，當然交友也是目的之一。

教會

歐美人士以信奉基督教或天主教為主，參加教會活動是假日的另一種選擇，在台灣有摩門教徒騎著腳踏車到處傳教，如果你要與教徒交往，要注意天主教的神父是不能結婚的，但基督教的牧師是可以結婚的，可千萬別表錯情。

綜合上述，我們可以瞭解到台灣男女的異國婚姻其出發點雖有差異，但有一共通點，男的怕娶不到漂亮老婆，只好花錢到落後國家找新娘；女的怕找不到帥老公，只好找老外，在許多老外眼中，東方女子輪廓比較不立體，美醜的差異不明顯，看起來都差不多。

購買力

假定有幾個外國人想與你交往，若是他們的外貌與經濟能力都合乎你的要求，你會選擇誰？你一定會回答要交往看看再做決定，因為在交往的過程中，可以瞭解可不可以長久生活在一起，到底合不合適。所以你可以從下列這幾件事開始觀察，包括自己與對方：

語言

良好的溝通是培養深厚感情的開始，語言能力自然列為首位，大部分的人光是自己的國語都不行了，哪有餘力學另一種語言，尤其男女對於自我成長的要求，男性比女性不足，從許多的補習班學員來看，女性學習的人數普遍比男

性高，便可得知。反映在台灣男女的異國婚姻中，也存在這種現象，女性要學會外語才能與其交往的老外溝通；而花錢買來的大陸妹或越南新娘要學台灣話，但男性則不須學，這印證了前面所述，男性對自己的自我成長學習要求是比女性低。大部分的人都有相同的想法，當自己的語言能力較差時，就算熟人也羞於啓齒，更何況是面對外國人，家醜豈能外揚。

文化背景

文化是長年生活累積而成，而能夠保存下來的，表示已經過嚴格的淬煉與篩選，所以很難動搖它。每個地區都有其特別的文化淵源，例如早期的以色列與巴勒斯坦，可以說是世仇，連當朋友都不可能，哪來聯姻！因此文化背景差異太大，生活會有不斷的衝突。就好像基督徒與佛教徒的文化差異也很大，因爲基督徒不拜偶像，衝突多怎會幸福。

風俗習慣

風俗習慣對於個人的影響也很深，不同國家有不同的風俗習慣，但是在短期內不容易發現，必須要生活一段時日才瞭解，所以能問清楚就要問清楚。以現代的文明社會來說，不合時宜的風俗習慣可能都被淘汰了，因此在這方面應該問題不大。

飲食

所謂「民以食爲天」，飲食是生活中不可或缺的一項，在飲食這方面，各國的差異相當明顯。由於地區不同，氣候的因素造成相當不同的飲食文化，飲食問題也是長期性問題，短期內不會發生，所以比較會被忽略。

國籍註冊

多數的國家對於取得國籍的方式都有規範，因此當異國戀情有了好結果，邁入結婚註冊登記時，另一個頭痛的問題就是國籍註冊問題，由於當你與外籍人士交往的過程，通常還未想到這些問題，但是如果你不事先規劃安排，小心成爲「無國籍」夫妻，將來生下的小孩成爲「地下」小孩。

對於國籍取得，各個國家規定不盡相同，但是防止非法移民的目的是相同的，因此爲避免「假結婚、眞移民」，多數國家在處理異國婚姻登記是很小心的，尤其台灣在國際上的地位曖昧，無邦交國不一定視台灣爲一個國家，又爲取得婚姻登記添一項變數。

與外籍人士聯姻首先會遇上的是雙重國籍問題，如果有其中一國的法律規

定，只能擁有單一國籍，其中一人必須放棄其原有國籍，否則無法完成結婚登記，假若你們是「先上車後補票」問題更大，無法完成結婚登記意味著你倆的小孩沒有法律地位，各項福利或上學都不被許可，對小孩影響很大，因此如果你的愛國意識很高，卻不小心愛上外國人，應盡量避免「逞一時之快，而後患無窮」。有些國家甚至規定國民不能放棄國籍，又不允許雙重國籍，屆時許多異國婚姻都變成「有實無名的黑夫妻」，不得不小心。

另一個問題是取得單身證明的法定文件，由於重婚在許多國家是禁止的，再加上爲防止「假結婚、眞移民」的情形，註冊登記國會要求外籍人士向當地政府取具「單身證明」，以完成結婚登記。由於中共阻撓台灣的國際地位，許多中共的邦交國都不承認台灣爲一個國家，台灣政府單位出具的任何文件都不具效力，那麼遠嫁他國的台灣女性，恐怕得爲取得婚姻登記奔波於兩岸三地，舟車勞頓之苦，可能是你在談這樁異國戀情時所萬萬料想不到的意外之旅。

從以上的分析可以知道，如果你的異國婚姻遇到上述問題之一，一定會大

感冤屈不平，你怎麼會知道哪個國家是中共的邦交國？哪個國家規定不能有雙重國籍？這就是本書一直想提醒讀者注意的，在談情說愛當中，除了浪漫以外，許多現實問題仍應事前規劃清楚，如此才符合「資源最佳配置」的定義。

經濟櫥窗

·匯率的高低與外貿盈餘或赤字有相當的關係，當外貿盈餘持續增加，則本國貨幣會升值；當外貿赤字持續增加，則本國貨幣會貶值。一般的定義是採用應付匯率制，即每單位外幣可兌換本國貨幣數，以數學式表示：

$$匯率（e）符\frac{本國貨幣}{外國貨幣}$$

・國際收支帳是由經常帳與資本帳所構成。經常帳包括貨物、勞務及國外之移轉收入；資本帳是指資本流出與流入。

第十五章

愛情景氣循環

男女之間的相處，與經濟景氣循環過程相似，由陌生時的谷底，乃至漸漸熟悉，就如同景氣的擴張期，當兩人決定結婚時，此刻是頂點，蜜月期結束後，就開始步入成熟期，之後可能就是衰退期，如此反覆循環，構成了一生的感情生涯。經濟景氣不會無限制地擴張或衰退，是因為產能的限制，新產能投入需要時間，而現有產能已有既定規模；而愛情景氣不會無限制地擴張或衰退，是因為時間與體力的限制。

景氣循環的原因，簡單來說是因為供需失衡，而供需失衡的來源又可分為內在與外在因素，內在因素是指人格特質所引發的失衡問題，例如熱情的人容易活絡彼此的感情氣氛，冷漠的人則不；外在因素是指環境變化對個人所造成的失衡問題，例如工作不如意會使得心情低落，影響兩人相處的氣氛。

人的一生中，起伏難免，感情的供給與需求也會產生不平衡，如果你留心自己走過的路，再看看兩人交往的歷史，會發現在某方面有循環的情形產生，因此有些人會相信「命運」，例如有人習慣在任職一個工作兩三年後，就會想

換工作環境；感情路上也是如此，「七年之癢」就是根據這個邏輯來的，只是大多數的人都是健忘的，更何況未來比過去重要，「往者已矣，來者可追」，所以瞻望未來一般人都做得比回顧過去多，隨著年紀的增加，人會成長，這些循環也是朝正向發展，當兩人的關係起變化時，處理的方法也更細膩，但是談情說愛的年紀是輕的，人生的閱歷仍未深，恐怕火候仍難拿捏，因此該如何度過低潮期，共享繁榮時的果實？對於愛情景氣的預測，並採取適當對策，在兩性關係的對待中是相當重要的。

愛情景氣指標

為了讓兩性關係更和諧，相處更愉快融洽，對於愛情景氣的變動應有正確的預測。由於談戀愛時期兩人並未居住在一起，就算進入婚姻後也未必能完全

掌握對方，別以為預測愛情景氣有些無聊，有人說：「女人像天氣，晴時多雲偶陣雨；男人像電鍋，燜燒（悶騷）」，這兩種情形都是很難搞定，一種是捉摸不定，另一種是看似不變，卻暗潮洶湧，因此適度的預測是經營感情所必要的投入，換句話說，就是希望任何人都要正視彼此的情況，儘管預測的結果不一定正確，但是預測所代表的是明顯的關心，這是人最需要的。

最普遍用來預測景氣的方法是景氣指標，愛情景氣指標是根據過去多次感情循環的經驗，觀察對方喜怒哀樂時的行為舉止與兩人相處模式，篩選出與愛情景氣變動有關的指標，哪些指標可以象徵兩人愛情轉趨熱絡，哪些指標象徵兩人愛情轉趨冷淡，將這些指標與景氣變動的時間依發生先後，區分為領先指標、同時指標與落後指標。

領先指標

兩人的感情進展可能變好，也可能變壞，可以事前就預測出感情要變好或變壞的指標，就是領先指標，例如邀約承諾是一種領先指標，當對方開始婉拒與你約會時，不管理由爲何，都要試著瞭解眞相，因爲拒絕邀約通常是感情惡化的開端，尤其女性的心思細密，爲了顧及對方面子，拒絕邀約都會找理由。而當你追求對象時，對方答應赴約，表示給你機會，是一種好的開始。

一般人經營感情絕不像經營企業般，要作如此多的規劃與預測，因爲企業比個人複雜多了，但是感情中的情緒也很煩瑣，仍需要相當用心，即使兩人已經很熟悉了，也不能完全免除基本的用心，因此預測愛情景氣，可以說是誠意的另一種表現。

同時指標

同時指標是指與感情變動產生即時回應的指標，例如發生吵架，表示兩人感情惡化；親密舉動表示感情進展良好，類似此種對感情影響好壞可以立即看出的指標，都屬於同時指標。

落後指標

落後指標是指與感情變動產生落後回應的指標，通常發生這類指標的感情變動，必定有一方是後知後覺者，也就是事情發生後才知道，典型的模式是「做了再說」，也就是對方不會事先與你溝通，決定自己先做再說，例如離家出走，當你發現對方不見後，感情已經出很大問題；或是許多年輕女學生已經未婚懷孕，卻仍不知道自己愛不愛男朋友，先嘗一嘗禁果再說，等到大腹便便，才知道事情比想像中嚴重。

愛情景氣對策

既然愛情景氣變動有其內外在因素，不全然能由自己掌控，因此每個人所

應該努力的是縮小循環的變動幅度，也就是避免變動的衝擊，以達到感情在穩定中求發展的局勢。要縮小循環的變動幅度，可以從自己與親朋好友兩方面著手。

自動調整機能

感情的進展是隨時間與金錢的投入而呈正向關係，當你發現約會的次數頻繁，錢也會花得比較兇，如果你的收入是固定的，必然會適度減少約會，感情進展的熱度自然稍微降低。如果當工作比較忙碌，疏於關心對方，你可能請人送花或送禮物，熱絡彼此的感情，以免離久情疏，這種情形就是最簡單的自動調整機能。

人與人的關係原本就存在自動調整的機能，所謂「見面三分情」、「離久情疏」都是人性，因此在正常的相處中倒不用過度擔心愛情景氣會過熱或蕭條。反倒是每個人應該努力控制情緒的穩定度，常常保持冷靜的心與頭腦，避

免讓心情起伏太大，有助於縮小愛情景氣變動的幅度。

親朋好友的建議

並不是所有人的自制力都很好，而且有些外在因素不是靠一己之力可以克服的，例如意外的發生，讓相愛的兩人生離死別；或是國外求學或移民都可能拆散相愛的兩人，這些變故是來自外在環境，卻會讓當事人的感情由景氣的顛峰滑落至谷底，所以親朋好友的鼓勵與關懷，就是幫助你走出谷底的力量。

當你被愛情沖昏了頭，情緒處於亢奮之中，親朋好友怕你發生「樂極生悲」的事，總是會提醒你要冷靜些，希望降低你的愛情景氣熱度。

親朋好友的建議一般對於熱戀或失戀中的人，功效相當有限，最有效的時候是交往的瓶頸期，因爲瓶頸期需要比較多的資訊作決策參考；熱戀或失戀是兩種極端狀態，一個在頂端，另一個在谷底，心情還未平復，對於別人的言語規勸是沒什麼知覺的。

所以當你的朋友告訴你他失戀了，表示這時候他已經接受這結果，且需要有人安慰他、關心他，否則你還是靜觀其變，別急著爲誰出頭，免得到最後自己反而成了「豬八戒照鏡子，裡外不是人」，因爲感情的事原本就很難說。

經濟櫥窗

・景氣指標是由經濟活動的各部門中選出對景氣變動有敏感反應的項目，例如股價指數或貿易接單數，依過去景氣循環經驗，可以發現哪些指標與景氣變動的關聯性爲何？如果常領先變動的機率相當高，則爲領先指標；同時變動的機率相當高，則爲同時指標；落後變動的機率相當高，則爲落後指標。

國家圖書館出版品預行編目資料

愛情經濟學：與凱因斯談戀愛 = Love economics : talk love with Keynes／侯榮俊著；--初版.--臺北市：揚智文化，2001〔民90〕
面： 公分.--（NEO系列；7）

ISBN 957-818-267-8（平裝）

1.經濟

550 90004387

愛情經濟學—與凱因斯談戀愛

NEO系列 7

作　　者／侯榮俊
出 版 者／揚智文化事業股份有限公司
發 行 人／葉忠賢
執行編輯／胡琡珮
登 記 證／局版北市業字第1117號
地　　址／台北市新生南路三段88號5樓之6
電　　話／(02)2366-0309 2366-0313
傳　　眞／(02)2366-0310
網　　址／http://www.ycrc.com.tw
E-mail／tn605547@ms6.tisnet.net.tw
郵撥帳號／14534976
戶　　名／揚智文化事業股份有限公司
印　　刷／偉勵彩色印刷股份有限公司
法律顧問／北辰著作權事務所　蕭雄淋律師
I S B N／957-818-267-8
初版一刷／2001年6月
定　　價／250元